Human Performance Technology®
考える営業

**パフォーマンス営業®が
ホワイトカラーの知的生産性を
向上させる**

坂本 裕司 著

はじめに

　これからの営業パーソンの「ありたい姿」を帰納的に考えてみよう。

　仮説①；営業とは「業を営む」と書くように、企業活動を継続させていくためには絶対不可欠な機能であるべきである。だからこそ、営業パーソンが市場からの期待に応えるだけでなく、現場における自社の代表者として主体的に市場を牽引していくためには、効果的で、かつ、効率的な動き方が期待されている。

　仮説②；企業力とは、「戦略力×戦術力×戦闘力」の３つに分解して考えることができる（図表１参照）。戦略力とは経営の方向づけと資源配分を意味し、戦術力とはその方向へ向かう際に選択すべき方法論を意味し、戦闘力とは決めた方向へ向けて最後までやり抜く力のことを意味する。戦略や戦術を絵に描いた餅に終わらせないためにも、戦闘力こそが営業パーソンが担っている重要な役割であり、企業においてアンカー（anchor）的存在と言っても過言ではないだろう。

　仮説③；現在の市場には、財やサービスは溢れるくらい充実しており、実際我々の生活環境においては、無くて困るような困窮状態ではない。言い換えると、市場も何を欲しているのかがわからない状態であるとも言える。

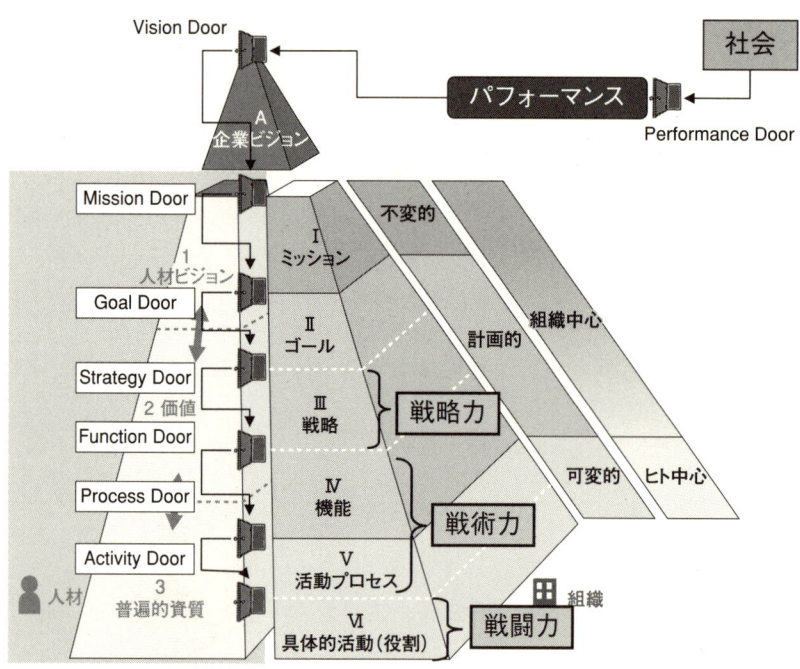

図表1　企業力＝戦略力×戦術力×戦闘力

　仮説④；現在の企業評価において、EVA®（economic value added）を用いている企業は少なくない。なかでも花王のEVA導入は、全社の意思統一にまで波及しているほどである[1]。EVAとは文字通り、経済的付加価値であり、1年間の企業活動を通じてどれくらいの付加価値を創出したかを定量的に測定する技術である。つまり、企業の評価とは、価値を提供するだけでなく、付加価値を提供することによって、市場から認められる時代に突入していると理解することができる。

1　日本経済新聞　2008年10月17日（横文字指標こう活用　定着企業に探る　EVA花王）

このように仮説を列挙してみると、市場と直接触れている営業現場の人材に期待されている内容は、自社の経営戦略やマーケティングといった上流概念を自分なりに把握した上で主体的に営業業務に落とし込み、市場がワクワクするようなアイデアの創出に繋げる能力が必要になってきている、ということである。戦略力と戦術力をも期待されているこれからの営業パーソンは、経営者を上流概念に位置付けるならば、その経営者と全く同じ「センス・姿勢・考え方・知識・スキル」が求められる時代になってきており、戦闘力において行動に反映させることにより、戦略や戦術に応えることが期待されている。

では、経営者が行うこととは何か。大きく2つに区分される。1つは意思決定をすること。もう1つは雇用を創出すること。前者は会社を継続させるためには重要な手段。後者は社会に貢献するためには必要な手段。特に、後者は自社が社会の中で存在感が明確になっているからこそ必然的に市場からの期待が大きくなり、自社の雇用は拡大するものである。

上記における後者を現場の営業パーソンに置き換えるならば、これからの営業パーソンとは「顧客にとっての社会の中における存在感を創造していくこと」が期待されていると言える。顧客の市場からの期待を大きくするために、自社の営業パーソンがどのような活動ができるのかを熟考できる知識労働従事者であることが、これからの営業パーソンのありたい姿と定義してみたい。

お気づきのように、「営業パーソンを経営者と同じレベルに合わせるには、主語が高邁過ぎないか」と思われた方もいることだろう。しかし、現場第一線の営業パーソンが経営者と同じセンスが期待されていることを考慮するとこれは必然的であり、むしろ、21世紀の営業パーソンには、ソリューション営業以上に社会に寄与する働きを考慮

したパフォーマンス営業®（図表2参照）にシフトすることによって、このような高いレベルが市場から期待されていることを認識する必要があるのではないだろうか。

図表2　パフォーマンス営業®へのシフト

	ソリューション営業	パフォーマンス営業®
対象主語	貴社	社会〜業界〜貴社
対象経営レベル	戦術	ビジョン〜戦略〜戦術〜戦闘
対象者	現場	経営〜現場
時間軸	短期的	長期的〜短期的（継続性）
問題とは…	（事実を定量的に客観的に見て）問題を探す	（将来を構造的に客観的に観て）問題を創る
期待されるアウトプット	価値	CSRと付加価値

パフォーマンス営業®（2008年〜）

ソリューション営業（1980年代〜2008年）

プロダクトアウト営業（〜1980年代）

　以上を踏まえ、本書が日本企業の経営業績の一助となり、個人、及び、国家ともに元気になってもらいたいと強く願うと同時に、本書の読者は本書を購入する"金銭的ゆとり"があり、日々忙しい業務であるけれども、「これからのグローバル社会、これからの日本社会、これからの当業界、これからの当社、そして、これからの自分」を観察できる"時間のゆとり"と"心のゆとり"があることにも気づいてもらいたい。

　たとえ、このような感覚を肌で感じていないとしてもあなたは恵まれている環境にあり、日本社会の一員として「あなた自身が後世の将来のためにどんな財産を残せるのか」を問うてみてほしい。

　最後に、この出版の機会を与えてくださった産業能率大学出版部、常務取締役の栽原敏郎氏には心から感謝すると同時に、本書の意図を瞬時に理解してくださった編集部の福岡達士氏にも感謝しております。

理論と実践の繰り返しから信念は生まれる。

なお、本書出版に際し、読者賢者からのご叱正を乞う所存である。

2009年5月

東京・市ヶ谷の寓居にて

坂 本 裕 司

カタナ・パフォーマンス・コンサルティング株式会社 取締役

ISPI(ホワイトカラー<u>生産性向上研究団体</u> 米国本部)日本支部 プレジデント

もくじ

はじめに

第1章　パフォーマンス営業®とは ───── 1

❶ パフォーマンスの定義　2

❷ パフォーマンス営業®が求められる時代背景　5

❸ 営業パーソンが知識労働従事者である理由　9

❹ 営業パーソンにとっての生産性とは何か　12
　(1)　生産性の分解式　12
　(2)　生産性＝効果性×効率性　12
　(3)　生産性を向上させる目的　14
　(4)　効果性を向上させるために効率性を向上させる　14

第2章　T型業務®とK-SWOT® ───── 17

❶ T型業務®への従事が期待されている　18
　(1)　T型業務®の定義　18
　(2)　結果指標と先行指標　19
　(3)　会議はT型業務®ではない　20

❷ T型業務®を導くためのK-SWOT®(戦略ツール)　26
　(1)　T型業務®は探すのではなく、創るもの　26
　(2)　T型業務®を創る　27

- ❸ T型業務®と投入時間　　*45*
  - (1) ランチェスターの法則とT型業務®　　*47*

第3章　成果主義と情報系システムの導入 —— *53*

- ❶ 成果主義とパフォーマンス営業®　　*54*
- ❷ T型業務®と情報系システム　　*57*
  - (1) システム導入の成功裏には人材ビジョンが必要　　*59*

第4章　S型業務®の効率化とT型業務®の時間管理 —— *65*

- ❶ S型業務®と効率化向上システム　　*66*
- ❷ 週間業務計画表　　*69*
  - (1) 週間業務計画表の使い方　　*70*
  - (2) T型業務®の時間管理は週間で行う　　*74*
  - (3) 事例；ある1週間のT型業務®に対する実績　　*77*
  - (4) 労務管理する目的　　*82*
  - (5) 4週間分を常時計画　　*83*
  - (6) その日のうちにも振り返る　　*84*
- ❸ 管理職としての週間業務計画表の使い方　　*86*
  - (1) 共通シートとしての週間業務計画表　　*86*
  - (2) 成果管理としての週間業務計画表　　*86*
  - (3) 本人の意志を尊重するための週間業務計画表　　*88*

❹ 時間管理　*89*

(1) 実態調査　*89*
(2) 形態で観る時間　*91*
(3) 計画性で観る時間　*92*
(4) 自律性で観る時間　*93*
(5) まとめ　*94*

❺ 測定する　*94*

(1) K-SWOT®で設定したテーマを分解する　*95*
(2) ポイントは2.5H　*97*
(3) 余裕を持った行動レベルでのイメージを作る　*100*
(4) なぜ、バッファが30％なのか　*102*
(5) 組織内で成果のレベルを管理する　*103*
(6) 情報系システムが必要になる理由　*104*
(7) 測定技術（W-ROI®）　*105*

第5章　知的生産性の高い仕事をめざす── *113*

❶ 営業組織の生産性を向上させる
　社内の独立機関：SPR-C（エスパルク）　*114*

(1) 効果性を向上させるT型業務®マネジメント；
　　個人の効果レベル向上　*115*
(2) 効率性を向上させるS型業務®マネジメント；
　　組織のバラツキ削減　*116*
(3) コンピタンス・マネジメント；行動特性を平準化する　*117*
(4) パフォーマンス・コンサルティング；
　　インプットの枯渇を防ぐ　*121*

❷ パフォーマンス営業®がめざす姿　124

おわりに　129

付録　パフォーマンス営業®を実践するための
　　　　ビジネスワードアンケート ——————— 131

参考文献等 ————————————————————— 135
索引 ——————————————————————— 138

第1章 パフォーマンス営業®とは

① パフォーマンスの定義

著者がクライアントの営業現場へ訪れた際、最初に尋ねる内容が、「御社ではパフォーマンスという言葉を社内で使用されていますか（もしくは、使用していますか）」。現代においては、パフォーマンスが横文字であるにも関わらず、一般的に使われているように感じられる。一方で、「パフォーマンスという言葉はご存じのように外来語です。御社ではどのような定義で使用していますか」、という問いに対しては、それぞれ個々の見解が異なるように感じる。

論理的思考の基本である「言葉を定義する」ことが徹底されていないまま、社内で言葉だけが使用されている場面にはよく遭遇する。言葉は使うものではなく選ぶものであるからこそ、定義されていないならば無論選択することはできない。特に、営業パーソンは市場と直接対話しているから、言葉の選択には緊張感が漂うように思えるものの、実際は、社内で定義されないまま言葉だけが一人歩きしている場面にはよく遭遇する。結果、聞き手は曖昧な理解になり、コミュニケーションが取れていない。

「パフォーマンス」は、アルファベットでは「performance」と書く。接頭語であるper（完全に）と、formare（形作る）が組み合わさって「成し遂げる」という意味が込められている。これらの意味から、ペイ・フォー・パフォーマンス（pay for performance）や、パフォーマンス・マネジメント（performance management）、システムの世界では、EPM（enterprise performance management）など、現場では様々な表現で使われているが、このパフォーマンスの対象となるレベ

ルが曖昧になっている。ある人は「目標数字」であったり、ある人は「実績」であったり、ある人は「契約内容で約束した成果」という人もいるだろう。しかし、これらはどれも間違いではない。

「performanceは一般的に業績と訳され、過去の実績を評価する事後的な意味合いをもっており、財務諸表を指すことが多い。しかし、本来performanceは将来の成果を得るために今おこなうべきこと、を意味する」（清水〔2008〕p.34）。つまり、パフォーマンス管理とは業績管理ではない、ということである。しかし、performance managementを業績管理と訳して社内で使われている会社も多いのではないだろうか。

ISPI（International Society for Performance Improvement；ホワイトカラー生産性向上研究団体；米国本部）日本支部においても上述した清水氏と同様の見解を持っており、performanceは「社会に寄与する働き」と定義している（坂本〔2007〕）。

本書で使われているパフォーマンスとは対象が「社会」であり、その社会に寄与する働きを意味し、安易に業績だけを意味するものではない。

パフォーマンス営業®とは、「顧客にとっての社会の中における存在感を創造していく営業」と定義し、本書では、

①顧客にとっての社会の中における存在感を創造するための「テーマ選定思考技術」
②そのテーマ実行を管理する「行動マネジメント技術」

の2つで大きく構成されている（図表1-1参照）。

図表1-1　パフォーマンス営業®の定義

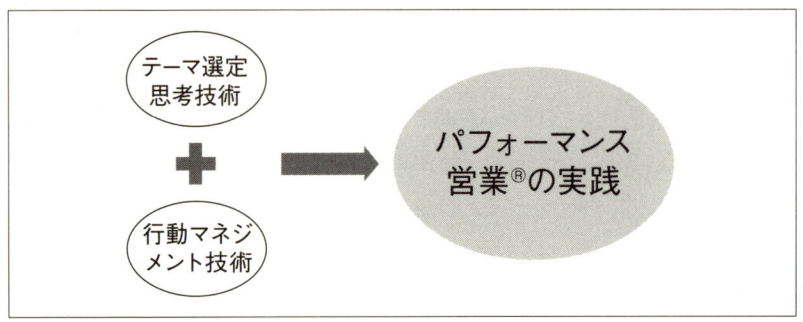

> **コラム１**　パフォーマンスを業績と理解することは間違いではない。しかし……

　パフォーマンスを「業績」と理解することは間違いではない。ただし、優先順位があり、社会に寄与した結果が業績として反映されているのであって、決して業績を追いかけることが目的ではない。

　営業パーソンにとっての目的が、「顧客にとっての社会の中における存在感を創造していくこと」であるならば、それを達成するための「"目標"が業績」と言い換えれば理解は得やすいだろう。

　これまでの企業経営を振り返ってもらいたい。社会から退場を求められた会社、もしくは、倒産に至った会社というのは、往々にして「目標が目的になっていた」ケースが多い。

　これは現場第一線の営業パーソンにも同じことが言える。目標が目的になっている営業パーソンは、顧客に対する言動を含めた行動に注意する必要があるだろう。

❷ パフォーマンス営業®が求められる時代背景

　顧客が営業パーソンからもらってうれしい情報（例；提案・アイデアなど）とは、何だろうか。それは顧客側の経営管理において、コストを低減できる情報以上に、顧客の業績が向上する情報である。これをPL sheet（損益計算書）で説明すると、業績とは売上でありコストとは投入資源と言える。つまり、営業パーソンは顧客にとっての売上を向上させる良き助言者であるべきであり、そのためにも、営業パーソンは顧客の側に立った言動を心がける必要がある。

　先にも述べたが、日本経済は成熟しており、なかなかヒット商品が生まれる環境ではなくなってきている。財・サービスの善し悪し以上に、顧客のライフサイクルを考慮した「仕組み」で自社の商品を提供していかないと、市場はワクワクしない。つまり、故中内功の「良いものを安く」という発想は全く過去のものであり、むしろ「良いものは高い」という発想で、機能的ベネフィットと心理的ベネフィット（図表1-2参照）を組み合わせ、そして、市場の動きに対応していかないと売れるものも売れない。

図表1-2　機能的ベネフィットと心理的ベネフィット

機能的ベネフィット	財・サービスそのものに付帯する価値。 例えば、価格、味、商品ラインナップ、など。
心理的ベネフィット	財・サービスそのもの以外に付帯する価値。 例えば、企業ブランド力、商品ブランド力、パッケージ、など。

このように考えると、「自社の商品を売る」、もしくは「自社の商品で顧客のニーズを解決する」だけの営業パーソンに対しては、現代の顧客は何ら魅力を感じることはないだろう。営業パーソンが顧客の立場に立ち、顧客が社会の中でどのような立ち振る舞いを行うことが顧客の継続性を維持・向上させることができるのかを熟考することが、これからの営業パーソンに期待されていることであり、必然的に、顧客の業績向上に繋がるアイデアを考える行動が伴うことであろう。よって、時には他社の商品で顧客のニーズを解決することを提案することもあるかもしれない。

　このように述べると自社にとってマイナスのように見えるが、決してそうではなく、むしろ、それだけ他社、つまり業界を知っているからこそ可能な提案であり、営業パーソンの主語が、自社、業界、そして社会……と高邁であるからこそ、顧客にとって価値のある対応と言える。繰り返しになるが、パフォーマンス営業®とは、顧客の社会的存在価値を明確にするために必要な提案を行っているのであり、自社の財・サービスだけを提供するためだけに必要な提案を行っているのではない、ということである。そのためには、自社の商品が高付加価値を提供できるものであることはいうまでもない。営業パーソンにとって機能的ベネフィット（価格など、一部を除く）はコントロールできないが、知識労働従事者として高付加価値をどのように社会に寄与させていくのかを考えることで、営業パーソンの価値も見出されてくるものである。「新しいモノやサービスを新しい作り方、方法で提供するという付加価値の足し算の発想こそ大切だ」（西岡〔2008〕）[2]。

---

2 日本経済新聞　2008年9月29日（不安と視界不良の下期入り　攻めの経営を緩めるな）

コラム2　直接部門は抱えたい？

　会社とは、大きく分けて直接部門と間接部門が存在する。経営者は間接部門をできるだけ削減し、直接部門だけで会社の機能を回したいと思っている。その直接部門の代表である営業部門は、会社としてぜひ抱えておきたい組織機能の1つと言っても過言ではない。

　営業をアウトソースする動きもあるが、最後の詰めはその会社の人材しか対応できないと思われるし、また、そうであってほしい。顧客にとって、さらにその先にいる顧客の顧客にとっての機能的ベネフィット、及び心理的ベネフィットを満たすためには、本来、会社は直接部門（＝営業）を抱えておきたいものである。

　一方で、営業組織の成果定義は難しい。顧客の社会的存在価値を見出すことは理解できるが、社内的にはそれでは評価できない。ただ、心に留めておいていただきたいのは、短期的な視点ではなく、できるだけ長期的な

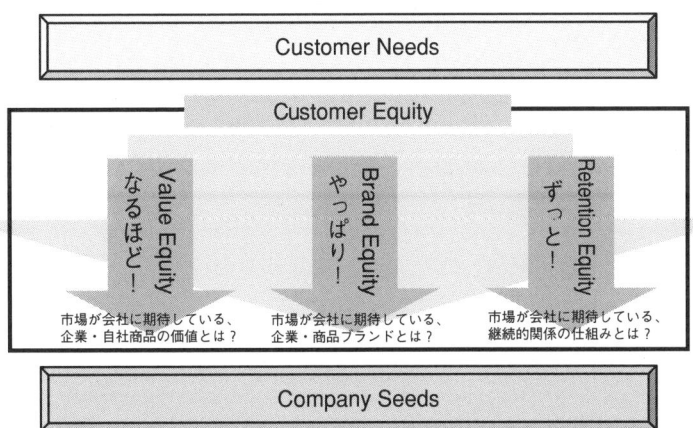

図表1-3　カスタマー・エクイティ

視点でカスタマー・エクイティ（customer equity；顧客の資産価値）（図表1-3参照）を高める考え方を持っておいてほしい。必然的に、カスタマー・サティスファクション（customer satisfaction；顧客満足）を超えたカスタマー・ディライト（customer delight；顧客感動）、そして、カスタマー・インティマシー（customer intimacy；顧客と親密）に繋がるであろう。

コラム3　バング&オルフセン

　この会社は、1925年、デンマークに創設された高品質なオーディオやビデオ、マルチメディア製品を提供している会社である。

　これだけ歴史のある会社にも関わらず、この会社の商品は日本市場にどれだけ浸透しているだろうか。意外と知られていないかもしれない。

　この会社の商品は、高品質、そして高機能を備えているだけに、価格は同業他社の製品と比較しても高い。高品質、高機能であるからこそ高価格であることは理解できるが、これはここ数年の話ではなく、創設当時からこれまで一貫して高品質、高機能、そして高価格なのである。

　一方で、日本メーカーの製品を思い出してみたい。三菱のダイヤトーン、日立のローディー、東芝のオーレックス、三洋電機のオットー、シャープのオプトニカ、山水、赤井等々、聞けば思い出す商品名もあるだろう。20代、30代の方々（2008年現在）には聞いたことのない商品かもしれない。ただ残念なことは、これら日本メーカーの製品は価格競争の果てに量産することで利益を追求した結果、すでに市場から消えているということである。

　上記の事実から学習できることは、機能的ベネフィットを追求することは、どんな時代であっても普遍的であるべきであり、価格競争の果ては「無」になることも心に留めておきたい。

③ 営業パーソンが知識労働従事者である理由

パフォーマンス営業®に従事している営業パーソンは、いわゆる知識労働従事者として定義される。先にも述べたが、パフォーマンス営業®に従事する営業パーソンとは、自社の商品を顧客に届けること以上に、社会の中における顧客の立場を創造していくことが期待されている人材である。

つまり、現在の社会環境に落ち着いているのではなく、顧客にとっての次の社会、さらに次の次の社会というように、次々に将来を創造

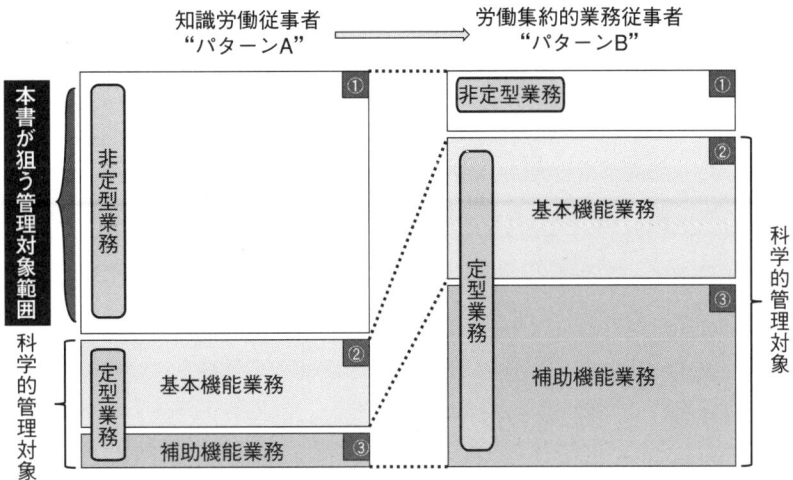

図表1-4　T型業務®

していくことが期待されている職務である。

　成熟社会を満たしている現代において、将来は待っていてもやってこない。リニア（linear）な発想は全く通用しない。むしろ、意識的に創らないと作れない。いわば、パフォーマンス営業®パーソンには、必然的に「考える業務」が期待されるからこそ、知識労働従事者と言えるに違いない。

　この考える業務は、「T型業務®（＝非定型業務）」と呼ばれている（図表1-4参照）。パフォーマンス営業®では、顧客にとっての次の社会、さらに次の次の社会を創造していくようなサポートを行うので、必然的にT型業務®に投入される時間比率は高くなるはず（参考；図表1-4、パターンA）である。つまり、パターンBのような状態を指すのではない。営業が知識労働従事者と呼ばれる所以はここにある。

コラム4　現場の営業と企業のトップは同じ

　企業のトップは、日々、将来のことを考えている。それは自社の将来、自社の従業員の将来、自社の関係者の将来、自社の顧客の将来、自社の株主の将来、自社が属する業界の将来、日本社会の将来、グローバル社会の将来など、主語をいろいろと置き換えて考えている。企業のトップとは、様々な方々の将来を一時的であるかもしれないが預かっており、だからこそ、将来を創り続けることが求められる。

　パフォーマンス営業®においては、現場の営業が顧客の将来を考えていることから、感覚的には企業のトップと同じレベルと言えるだろう。

　ある社長がこんなことを語った。「これからの企業経営は、全員が自営業者のようにならないといかんな！」。つまり、会社の代表として取締役社長は存在しているが、これからは肩書で仕事ができる時代ではなくなっ

た、ということである。

　一方で、企業のトップと同じ緊張感を現場が備えてくれているならば、その会社はおそらく、市場からの期待を大きく背負っていることだろう。

　補足までに……間接金融の時代を終え、直接金融が一般的になった今の日本社会では、一般投資家はIRで社長の企業方針を聞いた上で、それらを現場の人材の動きを見て検証していることを、知っていましたか。

コラム5　経国済民（けいこくさいみん）

　「国家を"経"営し、民を救"済"する」。これを「経国済民（けいこくさいみん）」と言う。ここから「経済」という言葉が生まれた。つまり、経済の一員である我々は、直接的・間接的を問わず、この国を動かし、そして納税することによって、国民一人ひとりの生活レベルを高めることに寄与しているのである。

　このように客観的に観ると、必然的に国民一人ひとりの自覚と緊張感が高まるのではないだろうか。主語を「私」ではなく「自社」でもなく「自社の業界」でもなく、その先にある「社会」というように高邁にすることを、いつの時代においても求められているのである。

　一方で、経済を動かしている我々のこの緊張感をぜひ政府にも持ってもらいたいものである。なぜなら経済活動とは、「国家を経営し、民を救済する」活動であるからだ。

　「生産に従事する者が多くて遊んで食べる者は少なく、物を創ることが能率的で消費する方は緩慢というのであれば、国の財物はいつも十分に豊かである」（金谷〔2008〕p.79）。

④ 営業パーソンにとっての生産性とは何か

　営業パーソンが知識労働従事者であるならば、知的生産性を高めることは必然的に期待される。では、この知的生産性とは何か。

(1) 生産性の分解式

　生産性とは、アウトプット（output）÷インプット（input）と定義されている。この分解式に沿って生産性を高めるためには、
①パターン1；インプットを一定にしてアウトプットを高めてもよいし、
②パターン2；アウトプットを一定にしてインプットを下げてもよい。
　また、
③パターン3；アウトプットを高めながらインプットを下げられるならば、2倍の生産性が向上される。

(2) 生産性＝効果性×効率性

　知識労働従事者である営業パーソンにとっての生産性の分解式は、さらに詳しく観察する必要がある。「生産性＝効果性×効率性」（図表1-5参照）と分解するならば、営業パーソンには、「効果性向上に注意を払うべき業務」（以下、T型業務®と言う）と、「効率性向上に注意を払うべき業務」（以下、S型業務®と言う）が2つの側面（図表1-6参照）として1つの仕事を形成している、ということである。
　（補足；T型業務®、S型業務®に関する説明は、第2章以降を参照）

第1章：パフォーマンス営業®とは

図表1-5　生産性＝効果性×効率性

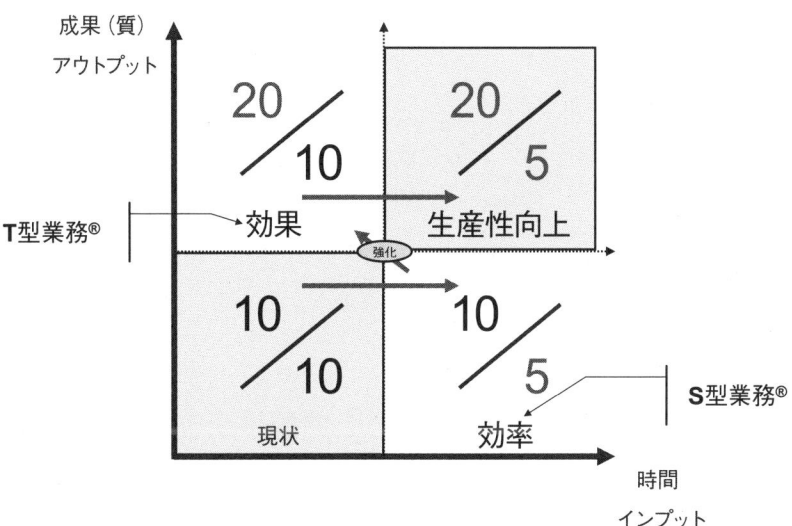

図表1-6　効果性向上と効率性向上の2つの側面

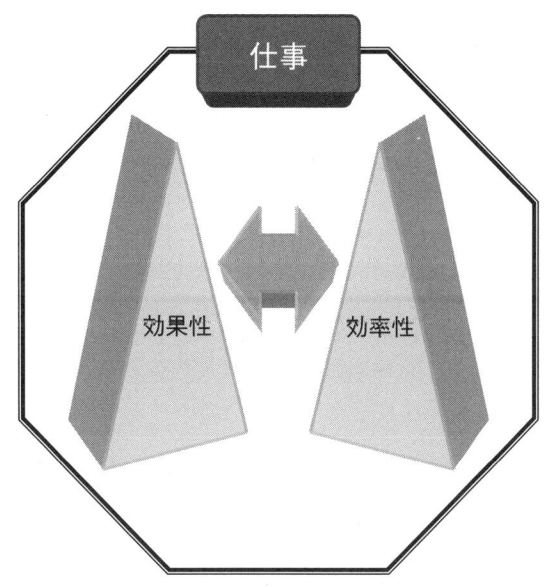

13

(3) 生産性を向上させる目的

　生産性の高い動きというのは、誰もが期待している。しかし、このままではイメージができない。営業パーソンの生産性を向上させる目的とは、T型業務®の効果を向上させるための時間を確保するために、S型業務®をできるだけ効率よく、もしくは手離れするように対応するのである。必然的にT型業務®の効果性が高まり、顧客に対して提案できるアイデアが次々と作り出されることになる。

(4) 効果性を向上させるために効率性を向上させる

　物事には正しい順序があり、その順序を間違えると本末転倒に陥り、疲労感だけが残ることになる。
　知識労働従事者のパフォーマンス営業®パーソンにとって「考える業務＝T型業務®」が期待されているからこそ、効果性の向上が第一優先課題となる。しかし、実際の業務内容には、S型業務®（例；処理的業務など）も多数存在し、就業時間の多くがこのS型業務®に費やされていることもまた、事実である。
　ここで重要な見解としては、「S型業務®の効率性を高めて、T型業務®への投入時間を確保する」のではなく、「T型業務®の効果性を高めるために、S型業務®の効率性を高めて時間を確保する」ということである。一見同じような表現に見えるかもしれないが、T型業務®を持っていない人は、時間を確保する必要性に迫られていないため、例えば、S型業務®の効率性を高めるシステムを組織として導入しようが、効率化運動と称して改善活動を実施しようが、緊張感が伴うことはなく何も行動が変わらないのが実態であろう。

第1章：パフォーマンス営業®とは

コラム6　「無駄」の定義

　効率性を高めるために、「無駄」の議論を試みたが、議論が終焉しなかった！　という経験をしたことがある人は多いのではないだろうか。これは、「Aさんにとっては無駄な作業が、Bさんにとっては必要な作業である」という場合である。なぜ、このようなことが起こるのだろうか。答えは「効率化することが目的になっている」からである。

　客観的に考えてみたい。効率化することは手段であって目的ではない。では、何のために効率化を行うのか。成果を創出するために、これまでとは異なった方法でやった方が投入時間に違いが見られるならば、それは効率化した方がよい、というだけである。

　したがって、成果を定義した上で現在と過去を比較した結果、ある作業がなくても成果に何ら影響を与えないのであれば、その作業は「無駄で

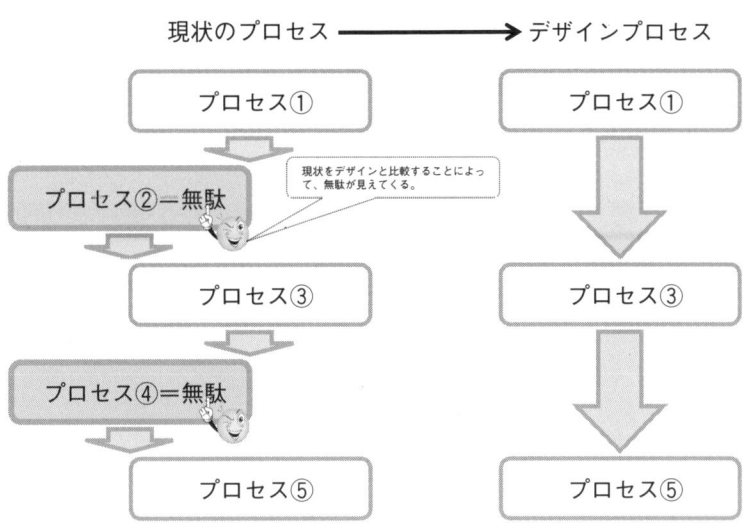

図表1-7　プロセスの目的

あった」と定義しても間違いないだろう（図表1-7参照）。「プロセスの目的は特定の成果を出すためにある。ある成果を出すのにあるプロセスが不要なら、そのプロセスは無意味である」（シン〔2008〕）[3]。

---

3 日本経済新聞　2008年12月16日（住友スリーエム社長ジェシー・シン氏（Nipponビジネス戦記））

第2章 T型業務®と K-SWOT®

① T型業務®への従事が期待されている

　第1章を読まれた皆さんの頭の中にイメージされているのは、「自分はT型業務®に従事できているのか」と言う人と、「そもそもT型業務®って何だ？」と言う人がいると思われる。

（1）T型業務®の定義

　T型業務®とは、正しくは、Target Time型業務®と言い、ある成果物を創出するにあたり、必要投入時間を自ら"決める"仕事のことを表している。つまり、この成果物には当事者の経験、キャリア、知識レベルなどが影響することによって、付加価値が含まれている業務を言う。例えば、顧客提出用提案書の作成、社内・社外ミーティング用"質疑&応答"事前資料の作成、月次売上&利益計画書の作成など。

　一方で、S型業務®とは、Standard Time型業務®と言い、ある成果物を完成させるにあたり、必要投入時間が組織として"決まる"仕事のことを表している。つまり、この成果物には当事者の経験、キャリア、知識レベルなどが影響することなく、成果物の質にバラツキのない業務を言う。例えば、社内ミーティング資料のデータ化、社内ミーティング資料の製本化、社内アンケート回収作業、請求書の発行など。

　T型業務®、及びS型業務®の詳しい説明は、『ホワイトカラーの生産性を飛躍的に高めるマネジメント　HPT®実践マニュアル』（坂本〔2007〕p.71～p.73）に譲る。

　知識労働従事者の業務は、上記のように大きく2つに分類される（図表2-1参照）。このT型業務®とS型業務®がコラボレーション（collaboration）することによって、成果を創出していることに気づく必要がある。つまり、T型業務®"だけ"に一生懸命従事しても、実行しなければ考えたアイデアが徒労に終わるし、S型業務®"だけ"に一生懸命従事しても、それは処理業務が大半であるから何も組織に残る財産は創られないのである。

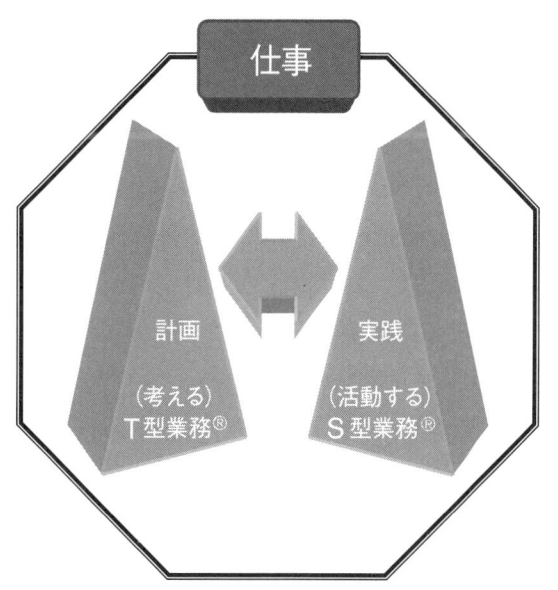

図表2-1　知識労働従事者の2つの業務

（2）結果指標と先行指標

　では、T型業務®に一生懸命従事すれば売上目標は達成できるのか、と思われた方がいるかもしれない。この問いかけは不能解である。マクロ環境の影響を直接受ける可能性が大きい営業にとって、測定する

図表2-2 パフォーマンス営業®の測定対象ゾーン

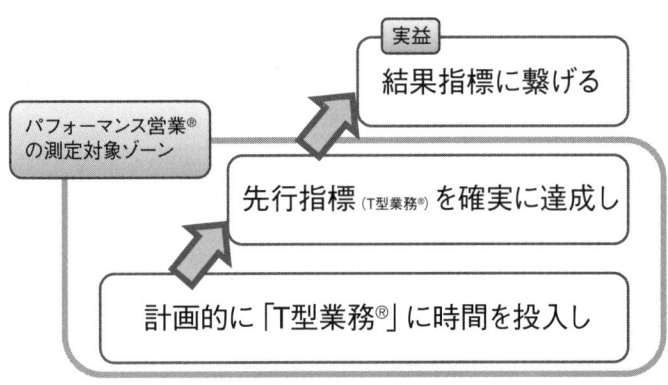

対象は結果指標と先行指標に分けなければならない（図表2-2参照）。

　文字通り、結果指標とは売上目標数字であろう。一方で結果指標を導いてくれる先行指標とは、T型業務®達成率を言う。T型業務®を達成しても結果指標が未達成であるならば、営業職としての本分は全うできていない、と言いたい方もいるだろう。ただ、T型業務®を疎かにして結果指標だけが達成されているのであれば、それはラッキー（lucky）であったことも否めない。計画的に行動していれば、レベルの差はさておき、何らかのT型業務®が財産として見える形で残っているものである。それ以上に、T型業務®という財産がその個人の頭脳の中に隠れてしまって組織に全く蓄積されていなければ、企業としての継続性に暗雲が漂っているだろう。

(3) 会議はT型業務®ではない

　「会議は、みんなで話し合いながら重要な意思決定をする場面です。また、いろいろと話していると相乗り発想も期待できます。このよう

な会議はT型業務®と考えていいのでしょうか」という質問を受けることがある。

答えはNoである。会議に出席する前に、事前に質疑&応答を考えて1枚にまとめるなどの作業はT型業務®とみなしてよいが、参画すること、及びその場で議論することそのものはT型業務®の対象から外す。

会議に忙殺されている人なら、「最近、頭が枯渇してきている。これではいけない」と、気づいているに違いない。枯渇しないように自身で頭を使う（＝考える）業務こそがT型業務®である。

したがって、営業の訪問活動も同様である。訪問する行動そのものはT型業務®ではない。では、会議や営業の訪問活動などは、どの業務に分類されると考えられるのだろうか。これは分類するのではなく、むしろT型業務®以外の時間を投入することが望ましい。繰り返しになるが、知識労働従事者の営業パーソンが管理するべき業務とはT型業務®であり、T型業務®を中心にその他の業務が存在しているのである。会議を開催することは目的ではないし、訪問することも目的ではない。T型業務®を検証、もしくはT型業務®の質を向上させるために会議や訪問活動が存在しているのである。

このように考えると、目的が曖昧な会議は開催されないし、無目的で準備不足のまま訪問活動は行わない。知識労働従事者にとって、すべてはT型業務®を中心に考え、そして行動することである。

コラム7　T型業務®と従業員満足

T型業務®とは、自らが計画的に時間を投入して考える業務であると同時に、計画的に時間を投入しても成果が導かれないときもある。これがS型業務®との決定的な違いである。よって、T型業務®だけに集中していると

成果が見えないので、ブラックホールに入ったような気分に陥る場合があるので注意しておきたい。

　しかし、人間とは面白いもので、Ｓ型業務®のように必ず成果が見える業務ばかり従事していると、「最近、つまらないなぁ……」と感じてしまうものである。

　ここに面白いデータがある。パフォーマンス営業®を実践しているクライアントに社内アンケートを取ってみた。結論から言うと、Ｓ型業務®に日々追われている営業組織には不平不満が多かった一方で、Ｔ型業務®とＳ型業務®をバランスよく抱えている営業組織は、時間概念を問わず従業員満足度が高かったのである。

　つまり、人間は、頭を使うことと体を動かすことのバランスが取れていないと緊張感が継続しない、ということである。さらに、Ｔ型業務®のような創造を要する仕事を一人ひとりが保持している組織こそが、真の働きやすい会社、と言ってもよいだろう。行動の源泉は給与などお金ではなく、「楽しいテーマに携わること」なのである。

　あなたの現実はどちら？

コラム８　Ｔ型業務®は考える習慣が身に付く

　Ｓ型業務®は、投入時間に応じて必ず成果が見える。だから、「やった」という達成感がある。一方で、Ｔ型業務®は、計画的に時間を投入しても時間に応じて成果が必ず見えるとは言い切れないので、「やった」という達成感が感じられないこともある。

　したがって、Ｔ型業務®を抱えていると常に頭脳が意識しているので、全く関係のないところで、ひょんなアイデアや気づきなどがあるものである。アップル創業者であるスティーブ・ジョブス[4]は、大学で、面白半分で受

講したカリグラフィーの講座がキッカケで、視覚の芸術にのめり込んでいったらしい。この体験が後のマッキントッシュを生み出し、さらに、「iPhone」へと発展していく。

同様に、2008年ノーベル物理学賞を受賞した南部陽一郎[5]も、「どうすれば問題が解決できるのか、四六時中、常に考え続けること。それしかありません」と言い切っている。

考える習慣（＝意識）が身に付けば、必然的に行動に反映され、事実内容が向上し、成果（＝結果）内容が向上する可能性も高まるものである（図表2-3参照）。

図表2-3　考える習慣のステップ

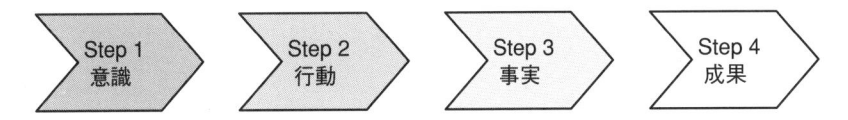

Step 1 意識	Step 2 行動	Step 3 事実	Step 4 成果

さらに補足すると、「習慣」とは、自然に出来上がった生活上の決まりやしきたりを言う。例えば、食事の前後に歯を磨くことは生活習慣であり、喫煙者にとっては食後の一服は行動習慣である。この習慣は、英語でcustomと書く。「顧客」の英語表現であるカスタマーとは、「custom＋er」でcustomerと書く。つまり、カスタマーとは「習慣化している人」と意訳することができる。

御社の顧客は、習慣化していますか。customerとconsumer（consume＋er；消費者）は異なります。

---

4 日本経済新聞　2008年7月12日（春・秋）
5 日本経済新聞　2008年10月9日（研究のコツは「常時思考」）

コラム9　"忙しい"が免罪符

　営業現場は、電話はかかってくるし、メールは飛び込んでくるし、上司・同僚・メンバーから呼ばれるし、とにかく忙しい。しかし、"忙しい"という形容詞では事実が見えない。忙しい中身が重要である。Ｓ型業務®だけで忙しいのであれば、原因は２つ。組織が仕組みで動けていないか、本人の処理能力がないか、どちらかである。Ｔ型業務®だけで忙しいのであれば、むしろ緊張感が漂っているから放っておいても行動に反映されているだろう。このＴ型業務®で忙しい状態が、本人の集中力を高め（＝考え）、様々なひらめきを得ることに繋がる。したがって、緊張感が高いＴ型業務®へ従事した後は、心身ともにケアしてあげたいものである。

　忙しい……という言葉は無意識に、そして安易に使ってしまいがちだが、また、これが免罪符になっている会社も多いのではないだろうか。

　「心を亡ぼす」と書いて忙（いそが）しいと読む。あなたは自分で自分の心を亡ぼそうと思いますか。

コラム10　業務の種類

業務は大きく３つに分類できる。
①Ｔ型業務®
②Ｓ型業務®の基本機能業務
③Ｓ型業務®の補助機能業務

　ちなみに、基本機能業務とは、Ｓ型業務®を全うする上で必要不可欠な業務であり、補助機能業務とは、その基本機能業務を補助する業務と定義する（坂本〔2008〕）。この中では、Ｓ型業務®こそが科学的管理対象業務となる（図表2-4参照）。知識労働従事者である営業部門（一般的には直接部

門と言う）においても、労働集約的業務従事者が多い間接部門においても、これら3つの業務が混在しているが、期待されている成果がそれぞれ異なるので、それらの業務比率は異なる。

　一般的に知識労働従事者におけるT型業務®比率は高く、労働集約的業務従事者においてはS型業務®比率が高い。さらに、企業として財務的競争優位性を創造するための答えは、知識労働従事者・労働集約的業務従事者を問わず、S型業務®の補助機能業務に隠れていることが多く、したがってS型業務®の補助機能業務は、改善4原則に沿った改善が期待される。組織に働く者は、「成果には何も寄与しないが無視できない仕事に時間を取られる」（ドラッカー〔2006〕p.50）。ドラッカーが指摘するこの業務こそ、S型業務®の補助機能業務に該当する。

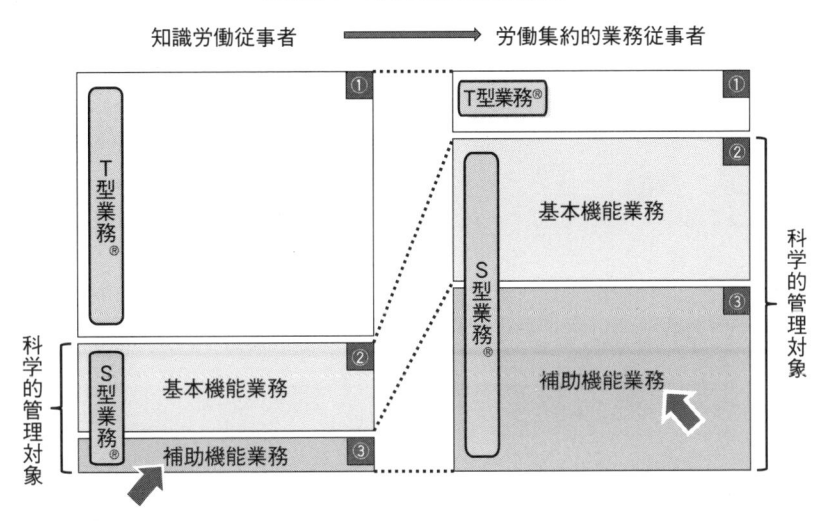

図表2-4　科学的管理対象業務

② T型業務®を導くためのK-SWOT®（戦略ツール）

K-SWOT®（Katana-SWOT）とは、戦略計画立案プロセスである（図表2-5参照）。この技術を活用して、T型業務®を選定していく。

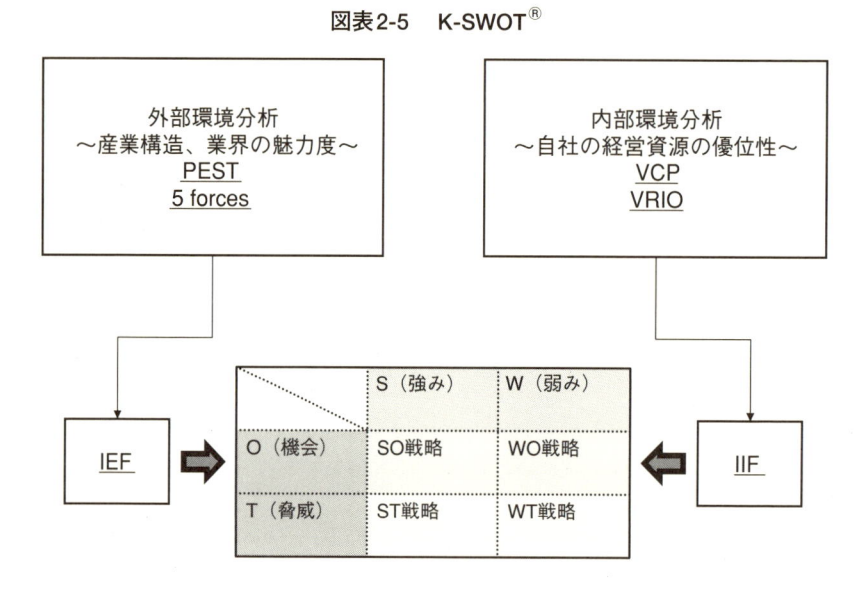

図表2-5　K-SWOT®

```
┌─────────────────────┐         ┌─────────────────────┐
│    外部環境分析      │         │    内部環境分析      │
│ ～産業構造、業界の魅力度～ │         │ ～自社の経営資源の優位性～ │
│       PEST          │         │       VCP           │
│     5 forces        │         │       VRIO          │
└─────────────────────┘         └─────────────────────┘
```

	S（強み）	W（弱み）
O（機会）	SO戦略	WO戦略
T（脅威）	ST戦略	WT戦略

左側：IEF　→　　　　　←　IIF：右側

（1）T型業務®は探すのではなく、創るもの

企業とは継続し続けること（ゴーイング・コンサーン；going concern）を理解しているのであるならば、T型業務®は主体的に意識して自ら創り出せるものである。

つまり、T型業務®は探すものでもなければ作るものでもない。意識し

て創らないと作れない付加価値の高い成果を上げるような業務である。

コラム11　T型業務®とは個人業務？

ここまで読まれて、まだ「自分のT型業務®って何だ？」と感じる方がいるかもしれない（図表2-6参照）。T型業務®を口語的に表現すると、「頭脳を駆使して考える業務」と言い換えることができるだろう。

したがって、業務の効率性を追求する仕事ではなく、成果の効果性を追求する仕事と理解することが賢明である。

図表2-6　T型業務®の特徴と反対表現

T型業務®の特徴	反対表現
1. 考える業務	1. 処理する業務
2. 個人業務	2. 個人業務、及び、集団業務
3. 投入時間を決める業務	3. 投入時間が決まる業務
4. 財産になる可能性が高い	4. 財産になる対象ではない
5. 将来を創る業務（革新性）	5. 現在を動かす業務（維持性）
6. 効果性を追求	6. 効率性を追求

(2) T型業務®を創る

① PEST分析で世間を観る

PESTとは、"P"olitics（政治）、"E"conomic（経済）、"S"ociological and demographic（社会・人口統計）、"T"echnological（技術）の

頭文字を取った言葉であり、ペストと読む。世の中で起こっている事柄を4つの視点で観ることによって、当業界、もしくは当社にとっての追い風要因となる方向性、余地、可能性、そして肯定的未来図であるビジョンを描くことが目的である（図表2-7参照）。

図表2-7　PEST分析

		現状	X年後
政治	経済		
	外交		
	社会資本		
	環境		
経済	景気変動		
	金融		
	設備投資		
	消費		
社会	人口構成		
	教育		
	価値観		
	雇用		
技術	情報通信		
	医療		
	環境		
	インフラ		

パフォーマンス営業®パーソンにとってのポイントは、顧客にとっての追い風要因は何かを検証することである。

コラム12　新聞を観る

　PESTで世の中を語る前に、定点観測できる情報入手作業を日々、粛々と行っているだろうか。一般的には新聞が適切であるが、週刊誌でも月刊誌でも構わない。現在のトレンドの記事をオンタイム（on time）で入手できていない人は、PESTを語ることは難しいだろう。

　昔、著者は先輩からこんなことを言われた。「過去の世の中の動向を記憶しているから将来が予測できる。気になった記事があれば切り取ってA4ノートに貼り付け、その記事に関して自分なりのコメントを書き続けなさい。必ず将来が観えてくるものだ」。そのとき初めて気づいたことは、新聞は「見る」ものではなく、「観る」ものである、ということである。

コラム13　PESTからPESTELへ

　ここ数年でPESTを発展させて、"E"nvironment（環境）、及び"L"egal（法・規制）にまで詳細にみることも推奨されている（Kaplan & Norton〔2008〕）。

② 業界の魅力度を知る

　業界の魅力度を知る上で使われるツールが、ファイブ・フォースィーズ（5 forces）である。これは、ハーバード大学MBA教授のマイケル・ポーターが提唱した戦略フレームワークである。複数形であるから「フォースィーズ」と読むはずだが、日本語では、一般的にファイブ・フォースと呼ばれている。

　これは、業界を主語にして、その業界が魅力的であるかどうかを分析するツールである（図表2-8-①、2-8-②参照）。

図表2-8-① 業界の魅力度を分析するツール（5 forces）

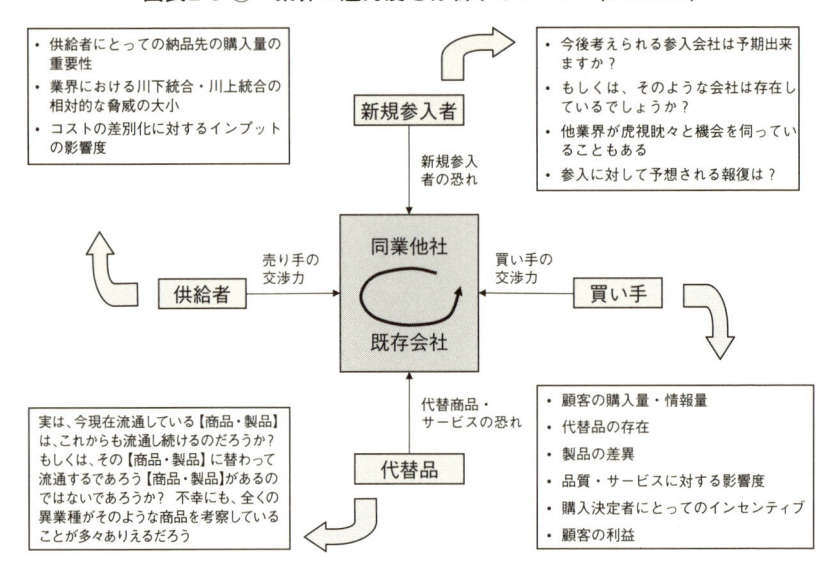

供給者側:
- 供給者にとっての納品先の購入量の重要性
- 業界における川下統合・川上統合の相対的な脅威の大小
- コストの差別化に対するインプットの影響度

新規参入者側:
- 今後考えられる参入会社は予期出来ますか？
- もしくは、そのような会社は存在しているでしょうか？
- 他業界が虎視眈々と機会を伺っていることもある
- 参入に対して予想される報復は？

中央: 新規参入者 → 同業他社／既存会社 ← 売り手の交渉力（供給者）／買い手の交渉力（買い手）／代替商品・サービスの恐れ（代替品）

代替品側:
実は、今現在流通している【商品・製品】は、これからも流通し続けるのだろうか？もしくは、その【商品・製品】に替わって流通するであろう【商品・製品】があるのではないであろうか？不幸にも、全くの異業種がそのような商品を考察していることが多々ありえるだろう

買い手側:
- 顧客の購入量・情報量
- 代替品の存在
- 製品の差異
- 品質・サービスに対する影響度
- 購入決定者にとってのインセンティブ
- 顧客の利益

図表2-8-② 業界の魅力度を分析するツール（5 forces）

- ＋要因；脅威を高める要因
- −要因；脅威を下げる要因

Now			方向性 (高・そのまま・低)	To be (X年後)		
顧客	＋要因		➡	顧客	＋要因	
	−要因				−要因	
供給	＋要因		➡	供給	＋要因	
	−要因				−要因	
競合	＋要因		➡	競合	＋要因	
	−要因				−要因	
参入	＋要因		➡	参入	＋要因	
	−要因				−要因	
代替	＋要因		➡	代替	＋要因	
	−要因				−要因	

第2章：T型業務®とK-SWOT®

　パフォーマンス営業®パーソンにとってのポイントは、顧客の業界は魅力があるのか、もしくは、これから魅力が出てくるのか、などを検証することである。

コラム14　エイリアンが業界を潰す

　既存の市場が破壊される場合がある。例えば、液晶テレビと言えば、どこの企業を思い出すだろうか。多くの方はシャープと言うかもしれない。しかし、そのシャープは電化製品を製造するメーカーではなかったことは、社名を見れば一目瞭然である。元々は、シャープ電機の前身である早川電機が発明したシャープペンシルを主要製品として製造・販売していた会社である。それが、現代では「液晶はシャープ」であり、「シャープペンシルはシャープ」とは誰も言わない。

　特定保健用食品のお茶と言えば、どこを思い出すだろうか。ファースト・ムーバー（first mover）は花王のヘルシアである。ご存じのように花王は飲料メーカーではない。また、同社はかつてFD（フロッピーディスク）においては業界のリーディングカンパニーであったことは記憶に新しい。しかし、1998年に撤退している。業界の魅力度がなくなってきたからの意思決定であることは言うまでもないであろう。

　過去、日本の市場において腕時計と言えば、シチズンやセイコーが市場を独占していたが、そこに入り込んできたメーカーがカシオのG-Shockである。カシオは計算機のメーカーである。その後、時代は進み、腕時計の代替商品として携帯電話が浸透してきていることも、この業界の勢力図をさらに変えてしまっている。

　携帯電話だけを取り上げると、携帯電話にはクレジットカード機能、デジタルカメラ機能、時計、インターネット、メール、Suicaなど、様々な

機能が付加されている。携帯電話の出現によって、あらゆる業界の勢力図が変化していることに気づいている方も少なくないだろう。

このように見てみると、業界の勢力図を壊しているのは、同業他社ではなく異業種からの参入（＝エイリアン）である。したがって、同業他社だけを見ていては、井の中の蛙の状態で勝負しているということである。これは危険である。

だから、PESTと5 forcersは、セットで語る必要がある。

---

③ 外部環境を分析する（IEF）

Integrated External-Environment Factor分析の頭文字をとって、IEFと呼ぶ（図表2-9参照）。

◎機会はPESTで、脅威は5 forcesで

IEF分析を実施する前に、PEST分析と5 forces分析を行ってきた。これは、SWOT分析に入る前のO（機会；オポチュニティ；opportunity）、T（脅威；スレイト；threat）を定量的に精査する材料を分析してきたのである。

◎機会と脅威の項目列挙数は同数

機会と脅威は、トレードオフの関係に位置する場合がある。よって、項目列挙数は同数にすること。機会が8個で脅威が3個というような状態でIEFを行った定量的分析結果は信憑性が低い。ただし、加重点はそれぞれ合計0.5ずつに分配する必要はない。

第2章：T型業務®とK-SWOT®

図表2-9　IEF（Integrated External-Environment Factor）

No	機会		加重点	評価点（4点満点）	加重評価点
1	機会①		0.15	2	0.30
2	機会②		0.05	3	0.15
3	機会③	PEST分析から追い風要因と	0.10	1	0.10
4	機会④	なっている因子を列挙	0.15	1	0.15
5	機会⑤		0.05	2	0.10
6					
7					
8					
	小計		0.50	9	0.80
	合計			20	
	平均			1.8	

No	脅威		加重点	評価点（4点満点）	加重評価点
1	脅威①		0.1	1	0.10
2	脅威②		0.1	1	0.10
3	脅威③	5 forces分析から脅威となって	0.15	3	0.45
4	脅威④	いる因子を列挙	0.05	2	0.10
5	脅威⑤		0.1	1	0.10
6					
7					
8					
	小計		0.50	8	0.85
	合計			20	
	平均			1.6	

機会と脅威のバランス	-0.05
業界対応ポイント合計	1.65
評価点平均	1.7

◎加重点の合計は1.00

機会と脅威の加重点の合計は、1.00を超えないこと。

◎加重点の細かさは徒労

加重点を「0.13」などと細かく分散させることは特に重要ではない。どの要因がどれくらいの重点度合なのかを見極めることが重要。

◎評価点は4段階

1点～4点で評価する。評価基準は、社内でオリジナルに設定してもよい。

◎現状のIEFとX年後のIEF

将来を創ることが目的なので、現状のIEFとX年後のIEFを仮説で作ると比較できる。結果、ギャップが生じるであろうから、対策を考える（＝ギャップを埋める）ことに繋がる。

◎機会と脅威のバランスの見方

機会の点数が脅威の点数を上回っている場合、これは業界全体に追い風要因が漂っていることを示唆し、脅威の点数が機会の点数を上回っている場合、これは業界全体の競争状態において脅威であると見られる。

◎業界対応ポイント合計の見方

評価点の最高は4点、最低は1点。合計は5点（＝4点＋1点）であるから、その平均である2.5点を上回っているならば、IEF分析の総合的なコメントとして「機会をうまく使い、脅威に対応している」と言えるだろう。

◎評価点平均の見方

基本的には各社別に見ていく必要があるが、評価点が低いということは対応が低いと言えるだろう。

コラム15　PESTが基本！

外部環境分析には、正しい分析順序がある。PEST分析があるから5 forces分析をする価値がある。例えば、業界の魅力度（＝5 forces）を正しく分析したとしても、そこにはエイリアン（コラム14参照）の存在まで

見ることはできない。最終的には、世の中がしっかりと観えているかどうかである。つまり、社会（＝社会ビジョン）が観えているから、業界（＝業界ビジョン）が観えると言っても過言ではないだろう。そのような人は、自社（＝企業ビジョン）が構造的に客観的に観えているに違いない。結果、自身（＝キャリアビジョン）もアリアリと観えているはずである。

④ 顧客の強みは何？（VCP）

Value-chain based Competitive Profile分析の頭文字をとって、VCPと呼ぶ（図表2-10参照）。

図表2-10　VCP（Value-chain based Competitive Profile）

No	主要成功要因	加重値	A社 評価	A社 加重評価点	B社 評価	B社 加重評価点
1	要因①	0.05	2	0.10	4	0.20
2	要因②	0.15	4	0.60	1	0.15
3	要因③	0.20	1	0.20	2	0.40
4	要因④	0.05	1	0.05	1	0.05
5	要因⑤	0.05	3	0.15	3	0.15
6	要因⑥	0.10	2	0.20	2	0.20
7	要因⑦	0.20	3	0.60	2	0.40
8	要因⑧	0.20	3	0.60	3	0.60
9				0.00		0.00
10				0.00		0.00
	合計	1.00		2.50		2.15
	VCPシェア比率			18.7%		16.1%
	現状マーケットシェア比率			25.3%		15.3%
	ギャップ			-6.6%		0.8%

C社 評価	C社 加重評価点	D社 評価	D社 加重評価点	E社 評価	E社 加重評価点
1	0.05	4	0.20	1	0.05
2	0.30	1	0.15	4	0.60
3	0.60	2	0.40	3	0.60
2	0.10	4	0.20	4	0.20
4	0.20	4	0.20	3	0.15
4	0.40	2	0.20	3	0.30
4	0.80	3	0.60	2	0.40
3	0.60	3	0.60	4	0.80
	0.00		0.00		0.00
	0.00		0.00		0.00
	3.05		3.55		3.10
	22.8%		19.1%		23.2%
	24.5%		23.2%		11.7%
	-1.7%		-4.1%		11.5%

◎競合他社分析である

　これから顧客の強みを探るわけだが、顧客にとっての強みが本当に強みとして市場で認知されているのか。もしくは、強みが強みとして活かされているかどうかを検証する。

　したがって、最終的には顧客の内部環境分析に繋げるのだが、その入口であるVCP分析は競合他社と比較することを前提に進めていく。

◎現在のマーケットシェアは成功要因の因子の1つとして使えるのか

　これは使ってはいけない。仮に、現在のマーケットシェアが高くても、それは結果であって成功要因を左右した因子ではない。したがって、VCP分析で得られたシェアを検証するために、現在のマーケットシェアを活用することが望ましい。

　VCP分析シェアと現在のマーケットシェアにそれほど大きなギャップが存在しないならば、このVCP分析はほぼ間違いない、と見れるだろう。

⑤顧客の強みは本当に強い？（VRIO）

　Value（価値）、Rarity（希少性）、Inimitability（模倣可能性）、Organization（組織）の頭文字をとって、VRIO（ブリオ）と呼ぶ。

　VRIOが登場してきた背景を、歴史を振り返りながら説明しておく。

　1980年代はマイケル・ポーター教授が提唱した5 forcesにあったように、競争戦略は主に企業外部に目が向けられていた。一方で、企業内部にはそれほど注意が払われていなかった。たしかに、市場が成長しているのであれば、企業内部よりも外部に注意を払うことの方が間違いはないであろう。

　しかし、時代の流れとともに、企業内の資源をベースにして競争戦

略を思考する論文が1990年代以降に多く発表されてきた。特に、バーガー・ワーナーフェルドによる企業内の資源を中心に多角化する戦略は、資源ベース理論（resources-based view）と呼ばれている。

その資源ベース理論が、ここ数年で注目が集まってきている。ジェイ・B・バーニーによると、SCA（持続的競争優位性；sustainable competitive advantage）は、マイケル・ポーター教授が提唱するような外的要因に影響を受けるのではなく、企業内の資源、主にケイパビィリィティ（能力；capability）によると提唱されている。つまり、SCAを左右する要因は社外ではなく社内に存在し、そのケイパビィリィティの革新的な成長こそが企業の優位性を生み出す、というのがバーニーの考え方である。

彼が、SCAを維持・向上させていくために必要なケイパビィリィティの条件として提唱した考え方が、VRIOである。

よって、自社の資源が他社と比較して、価値があり（value）、さらに希少性が高く（rarity）、それだけでなく、模倣が困難で（inimitability）、組織が組織財産としてその資源を有効に活用できる（organization）のであるならば、その会社は生き残れるだけでなく、持続的に成長する可能性を持っている、ということである。

⑥ 内部環境を分析する（IIF）

Integrated Internal-Environment Factor分析の頭文字をとって、IIFと呼ぶ（図表2-11参照）。

図表2-11　IIF（Integrated Internal-Environment Factor）

No	強み	加重点	評価点(4点満点)	加重評価点
1	強み①	0.05	3	0.15
2	強み②	0.10	1	0.10
3	強み③	0.05	2	0.10
4	強み④	0.15	3	0.45
5	強み⑤	0.05	4	0.20
6	強み⑥	0.05	3	0.15
7	強み⑦	0.10	3	0.3
8	強み⑧	0.05	2	0.1
9				0
10				0
	小計	0.60	21	1.55
	合計		20	
	平均		4.2	

（吹き出し：VCPとVRIOから、今後の顧客の戦略において重要と思える因子を強みと弱みで列挙する。）

No	弱み	加重点	評価点(4点満点)	加重評価点
1	弱み①	0.10	3	0.30
2	弱み②	0.05	2	0.10
3	弱み③	0.10	2	0.20
4	弱み④	0.05	3	0.15
5	弱み⑤	0.10	1	0.10
6				
7				
8				
	小計	0.40	11	0.85
	合計		20	
	平均		2.2	

強みと弱みのバランス	0.70	
業界対応ポイント合計	2.40	
評価点平均	3.2	

◎IEFと異なるのは

　IEFでは、機会と脅威に列挙する項目数においてバランスを必要としていたが、IIFでは特に問わない。

◎加重点の合計は1.00

　強みと弱みの加重点の合計は、1.00を超えないこと。ただし、加重点は0.5ずつに分配する必要はない。

◎加重点の細かさは徒労

　加重点を「0.13」などと細かく分散させることは特に重要ではない。どの要因がどれくらいの重点度合なのかを見極めることが重要。

◎評価点は4段階

1点〜4点で評価する。評価基準は社内でオリジナルに設定してもよい。

◎現状のIIFとX年後のIIF

将来を創ることが目的なので、現状のIIFとX年後のIIFを仮説で作ると比較ができる。結果、ギャップが生じるであろうから、対策を考える（＝ギャップを埋める）ことに繋がる。

◎強みと弱みのバランスの見方

項目列挙数において、一般的には、強みが弱みを上回っているパターンが多く考えられる。

◎業界対応ポイント合計の見方

項目列挙数において、強みが弱みを上回っている。必然的に評価点は高くなるとの仮説を持つならば、2.40は努力の足跡が感じられる。

◎評価点平均の見方

最高点である4点をめざす対策を考えること。強みは最大限活かす〔＝4点〕ことはあるべき姿。

⑦ T型業務®を科学する

これまでの分析作業は、SWOTを実施するための良質なインプットを準備してきたに過ぎない。これからT型業務®に該当するべきテーマを創りあげていく（図表2-12参照）。

図表2-12　SWOT分析の4つの戦略

	S（強み）	W（弱み）
O（機会）	SO戦略 強みを活かして、機会を最大限活用する。	WO戦略 機会を最大限活用することによって、弱みを克服する。
T（脅威）	ST戦略 強みを活かして、脅威を最小限にする。	WT戦略 弱みを最小限にして、脅威を避ける。

◎4つの戦略
・SO戦略；強みを活かして、機会を最大限活用する。
・WO戦略；機会を最大限活用することによって、弱みを克服する。
・ST戦略；強みを活かして、脅威を最小限にする。
・WT戦略；弱みを最小限にして、脅威を避ける。

◎組み合わせの科学（図表2-13参照）
　4つのボックスに応じて、それぞれのボックスに相応しい取り組みテーマをこれから考えていく。そのときのポイントとして、「1つの因子×1つの因子」では考えないこと。SWOTとは、組み合わせの科学であるからこそ、様々な組み合わせパターンを考慮して、テーマを考えていく。

第2章：T型業務®とK-SWOT®

図表2-13　SWOT分析とは組み合わせの科学

	S（強み）	W（弱み）
	1. S1 2. S2 3. S3 4. S4 5. S5 6. S6 7. S7 8. S8	1. W1 2. W2 3. W3 4. W4 5. W5
O（機会） 1. O1 2. O2 3. O3 4. O4 5. O5	SO戦略 1.テーマ1（O1×S2×S4） 2.テーマ2（O2×S5） 3.テーマ3（O4×S8×S3） 4.テーマ4（O4×O5×S1）	WO戦略 1.テーマ1（O4×W3） 2.テーマ2（O3×W4×W2） 3.テーマ3（O5×O1×W5）
T（脅威） 1. T1 2. T2 3. T3 4. T4 5. T5	ST戦略 1.テーマ1（T4×S4×S7） 2.テーマ2（T1×T3×S5） 3.テーマ3（T5×T3×S2×S4） 4.テーマ4（T3×S6） 5.テーマ5（T3×S3）	WT戦略 1.テーマ1（T3×W2）

　このテーマ創造こそが、顧客の社会的存在価値を見出すべき、あなたが取り組むT型業務®と言えるだろう。

コラム16　K-SWOT®のキーはPEST分析

　最終的に組み合わせの科学でT型業務®のテーマを考え出していくのだが、期待以上のアウトプットを創出するためには、良質なインプットが必要なことは言うまでもない。K-SWOT®のフレームワークで振り返ると、IEFとIIFまでが、良質なインプットを選定するゾーンであり、SWOTが期待以上のアウトプットを選定するゾーンと位置付けられる。

　また、IEFとIIFにおいて、IEFの方がIIFよりも外的要因を受けて内容が変化する可能性が高い。さらに深掘してみると、IEFのPEST分析は、今日の事実が明日には過去の話となり、スピードをあげて変化していく。一方

でIIFの内的要因はIEFほどのスピードで変化することはなく、むしろ、着実にステップを踏んで向上していくものである。

つまり、K-SWOT®が付加価値のあるものとして取り組むためには、5 forces分析以上に、PEST分析が重要であることに気づかれただろう。

つまり、世の中の変化に対して緊張感を持っていれば、必然的にT型業務®は意識して自ら創り出せるものである。

コラム17　K-SWOT®は自社分析でも使える?

K-SWOT®は、組み合わせの科学を追求する戦略ツールである。したがって、IEFを材料に、自社のIIFを使えば自社のSWOT分析ができるし、他社のIIFを使えば他社のSWOT分析が可能である。

また、他社を知るからこそ、自社や顧客をもっと知ることができると言えるならば、様々なパターンを考慮して、多くの競合他社のK-SWOT®を実践することによって、信憑性の高いテーマ選定に繋がる可能性は高まる。

---

⑧ 考えたテーマに優先順位はつけられるか

答えはYesである。それぞれのテーマがコンカレント (concurrent) ではなく、むしろ優先順位をつけた方が実際的で取り組みやすい。

その優先順位をつける指針となるのが、テーマ・ポジショニング・マップである（図表2-14参照）。そもそもSWOT分析は、各ステージにおいて実施するものである（図表2-15参照）。それは、それぞれの時代背景において、IEFで使われる特にPESTが常に変化しているからである。たとえ、Strength（＝強み）、Weakness（＝弱み）が変化していなくても、Opportunity（＝機会）、Treat（＝脅威）は間違い

第2章：T型業務®とK-SWOT®

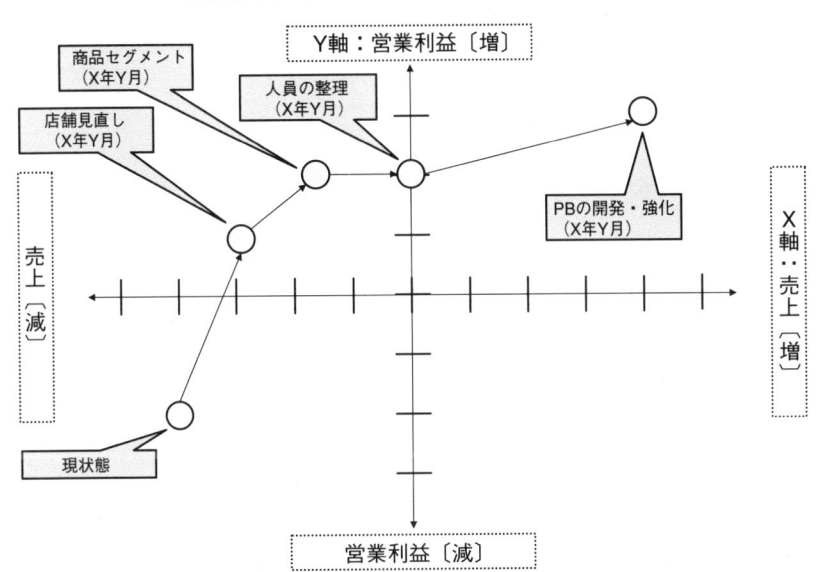

図表2-14 テーマ・ポジショニング・マップ

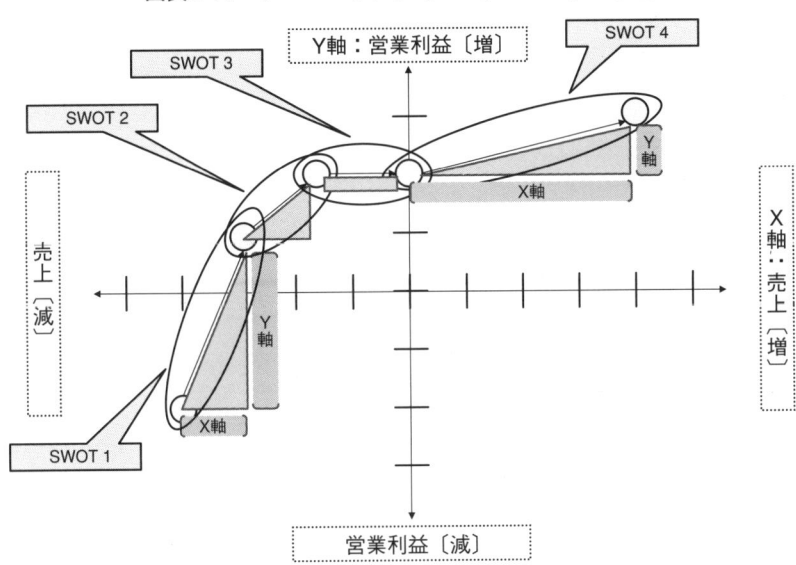

図表2-15 テーマ・ポジショニング・マップの分解

図表2-16　テーマ・ポジショニング・マップとK-SWOT®

```
                    ┌─テーマ・ポジショ─┐
                    │   ニング・マップ   │
                    └──────────────────┘
              ↙                              ↘
┌─────────────────────┐        ┌─────────────────────┐
│    外部環境分析      │        │    内部環境分析      │
│ ～産業構造、業界の魅力度～ │        │ ～自社の経営資源の優位性～ │
│       PEST          │        │       VCP           │
│     5 forces        │        │       VRIO          │
└─────────────────────┘        └─────────────────────┘
         │                                    │
         ↓                                    ↓
```

		S（強み）	W（弱み）
IEF →	O（機会）	SO戦略	WO戦略	← IIF
	T（脅威）	ST戦略	WT戦略

　なく刻一刻と変化し続けているものであり、したがって、その都度見直したSWOT分析（図表2-16参照）を行うことが望ましい。

　同時に、各ステージのSWOT分析（図表2-15）には、何に重点的に取り組むべきかが縦軸、横軸で表されている。例えば、「SWOT 1」の段階においては、営業利益の確保以上に売上の向上をめざした方向性であり、「SWOT 4」においては、売上の向上以上に営業利益の確保をめざした方向性である、と言える。

　このように見ていくと、そのときに取り組むべきテーマの選定が可能になる。

⑨ SCAを導くために

　ここまでにおいては、SWOT分析で取り上げられた各テーマが顧客にとっての持続的競争優位性（SCA；sustainable competitive advantage）であることにはまだ言及していない。正しくは、それぞれのテーマをマーケティング（marketing）の視点において検証し、顧客を創造、もしくは、ワクワクさせる可能性が高いだけでなく、ファイナンス（finance）の視点においても検証し、対投資費用効果が期待できるからこそ、SCAとして実行する意思決定ができるのである。これらの詳しい説明は、『事業計画立案のための実践プロセス　K-SWOT®』（宮川〔2008〕）に譲る。

❸ T型業務®と投入時間

　営業パーソンを問わず正社員である以上は、先に述べたT型業務®に取り組むことが期待されていると同時に、さらに、T型業務®で付加価値を見出すことを日々思考することが求められている。一方で、T型業務®に取り組んでいないのであれば、この成熟社会を生き抜いていく中で、それは代替の効く仕事である可能性が高く、将来長きにわたって必要とされる仕事とは言い切れないかもしれない。「定型的な仕事をやっているだけでは、給料はドンドン下がる」（フリードマン〔2006〕p.50）。

　企業が継続し続けるためには、個人には本来3つの業務がある（図表2-17参照）。現在を回すために維持業務があり、将来を創るために革新業務があり、そして、継続するために育成業務がある。大なり小

図表2-17　3つの業務

1. 維持 ⇒ 現在を回す__ために__何をする
2. 革新 ⇒ 将来を創る__ために__何をする
3. 育成 ⇒ 継続させる__ために__何をする

なり各業務にT型業務®は属しているが、ここで取り上げたT型業務®とは、主に革新業務に該当するだろう。

　しかし、実際の現場においては、このT型業務®に対して計画的に時間を投入できているだろうか。日常における維持業務の繁忙を理由に、T型業務®から離れていないだろうか。

　本来、T型業務®に対して計画的に時間を投入することを目的としてS型業務®のような維持業務の効率性を高めるのであって、S型業務®の効率性を追求することそのものが目的ではない。言い換えると、T型業務®に対する投入時間が計画的に確保できなくなってきている自分に緊張感が高まるからこそ、S型業務®に投入している時間を何とかして改善しよう、という主体的な行動が働くのである。T型業務®を抱えていない正社員に高い給与を払うことは、このご時世では考えられない。肩書で仕事ができる時代は終焉したのである。

（1）ランチェスターの法則とT型業務®

　T型業務®に取り組むことによって最高の成果を生み出すことを、ランチェスターの法則を使って触れてみたい。

　知識労働従事者であるならば、事前に「計画」し、そしてその計画した内容を「実践」に移すことによって、最大の成果を生ませているはずである。目的もなく、ただひたすら「計画すること」、及び「行動すること」だけでは、顧客が期待する成果には到達しないだろう。つまり、「考えずして執った行動は、成果には結びつきにくい」のである。

　パフォーマンス営業®内においては、ランチェスターの法則の「第2原則」を参考にする。その理由として、実際のビジネス活動では「1対1（第1原則）」ではなく、「組織対組織（第2原則）」の場合が現実的だからである。これを歴史的に振り返ってみると、織田信長の桶狭間の戦いにおいては一騎打ちを仕組み、狭い場所で鉄砲という武器を使って「1対1」で戦ったから勝利できたのに対し、徳川家康の関ヶ原の戦いは、広大な場所で莫大な兵力を使って「複数」で戦ったから勝利できたのである。現在社会においては、ITも浸透していることから「複数の相手に対応できる」と想定し、第2原則を参考にする（図表2-18）。

　第2原則に基づいて解説すると、最大の成果を出しているときの時間資源配分（／日）は、T型業務®に2.5H、それ以外の業務に5.5Hを投入している場合（No 11）である。一方で、No 1（T型業務®に8H、それ以外の業務に0H）の場合、及びNo 16（T型業務®に0H、それ以外の業務に8H）の場合は、実際的ではないと同時に、ランチェスターの法則によれば成果はゼロである。

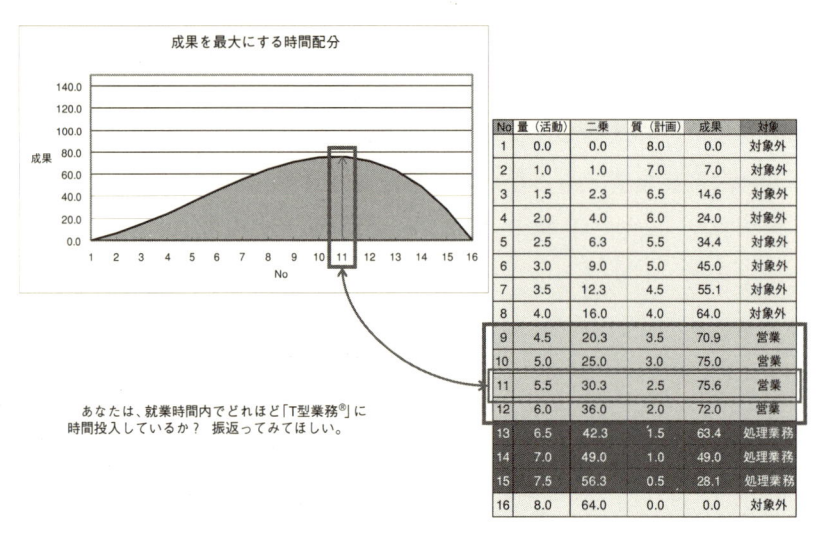

図表2-18　ランチェスターの法則「第2原則」

成果を最大にする時間配分

No	量（活動）	二乗	質（計画）	成果	対象
1	0.0	0.0	8.0	0.0	対象外
2	1.0	1.0	7.0	7.0	対象外
3	1.5	2.3	6.5	14.6	対象外
4	2.0	4.0	6.0	24.0	対象外
5	2.5	6.3	5.5	34.4	対象外
6	3.0	9.0	5.0	45.0	対象外
7	3.5	12.3	4.5	55.1	対象外
8	4.0	16.0	4.0	64.0	対象外
9	4.5	20.3	3.5	70.9	営業
10	5.0	25.0	3.0	75.0	営業
11	5.5	30.3	2.5	75.6	営業
12	6.0	36.0	2.0	72.0	営業
13	6.5	42.3	1.5	63.4	処理業務
14	7.0	49.0	1.0	49.0	処理業務
15	7.5	56.3	0.5	28.1	処理業務
16	8.0	64.0	0.0	0.0	対象外

あなたは、就業時間内でどれほど「T型業務®」に時間投入しているか？　振返ってみてほしい。

　パフォーマンス営業®パーソンにとって、成果である結果指標を達成するためにも、先行指標である考える業務（＝T型業務®）とその行動力のバランスを考慮しておきたいものである。分解式で表すと、下記の通りである。

成果（＝結果指標）＝T型業務®を考える時間（先行指標）×活動する時間^2

　パフォーマンス営業®パーソンとは、顧客の社会的存在価値を見出していく営業スタイルを取っているからこそ、日々「考える」という業務から離れるわけにはいかない。むしろ「考えて提案する」ことが1つの行動規範みたいなものであるからこそ、本来は時間概念にとらわれることなく瞬間瞬間で考えているべき、と思うかもしれないが、1日における投入時間の目安として参考にしておきたいものである。

コラム18　人間が集中できることには限界がある

　T型業務®とは、知恵を絞り出す業務とも言える。よって、時間を投入したからといって、必ず期待以上のアウトプット（＝知恵）が創造されるとは言い切れない。しかし、実際は、時間を計画的に意識的に投入していないからアウトプットも創造されていないのが事実である。

　そこは自分に厳しく、S型業務®に追われているからといって、いたずらにT型業務®から逃げてはいけない。

　一方で、我々人間がT型業務®に投入できる時間には限界があるようにも感じる。小説家の丸山健二〔2008〕[6]は「日々の生活は健康的で規則正しい。毎朝四時には起き、頭脳のさえる早朝の二、三時間を執筆に集中。それ以外は庭づくりに励む。〜中略〜　庭いじりは執筆で頭に上った血を下ろすにはちょうどいい。人間には肉体労働の方が自然なんですね」と言う。人間として集中できることには限界があり、時間で表現すると2〜3時間だろう、ということである。

　結果的に、ランチェスターの2.5Hと丸山の二、三時間との間に共通の見解が観えたことは、人間として2.5Hくらいが限界であり、同時に、1日に2.5HをT型業務®に投入することで、最高の1日が送れると著者は解釈している。丸山の言葉にもあったように、人間として充実した日々を送るためには、I型業務®だけではなく、T型業務®と他の業務とのバランスが重要である。かつて、工場勤務者はお昼休みになると囲碁を打っていたようだ。経済成長を遂げていた時代の日本のOLは、昼休みになるとバレーボールをしていた、と聞いている。

　人間は動物であるからこそ、頭脳の動きと体の動きのバランスが必要で

---

6 日本経済新聞　2008年7月3日（群れないで生きる）

ある、ということである。

コラム19　考える

　期待以上のアウトプットを導くためには、良質なインプットが必要である。しかし、その良質なインプットを期待以上のアウトプットに変換するには、プロセスという過程を踏まなければならない。もし、インプットとアウトプットの間にプロセスが存在しなければ、それは良質なインプットが良質なアウトプットとして出ているだけであり、期待以上のアウトプットに変換しているとは思えない（図表2-19参照）。

図表2-19　考えるプロセス

インプット　⇔　プロセス　⇔　アウトプット

　このプロセスをT型業務®に置き換えるならば、「"考える"プロセス」と言えるだろう。良質なインプットを使って期待以上のアウトプットを創造するために、考えるのである。入れた知識を、考えるプロセスを経て知恵に変える。入れた知識に、考えるプロセスを経なければ、そのまま知識が出てしまう。補足までに、プロセスをS型業務®で置き換えるならば「"処理する"プロセス」と言えるだろう。

　このようにT型業務®に対して考える業務を意識的に取り組んでいる会社は、実際に成長している。例えばグーグルでは、「20％ルール」と称して、会社と社会を善くする目的のために全社員が就業時間のうち、20％を投入するように制度として取り組んでいる。

コラム20　行動を喚起するには時間概念を使え

小学生時代の夏休みを思い出してほしい。あなたは、
1　休み開始早々に宿題を完成させていましたか
2　スケジュール通りに宿題を完成させていましたか
3　休み終了間際で宿題を完成させていましたか

　3に該当した読者は、親に怒られながらも締め切り間際になってとてつもなく集中し、夏休み明けの初日にまで間に合わせた（ただし、ここでは成果は問わない）経験があるだろう。

　これほどまでに集中できたのは、時間という概念が働いている。この場合、締め切り、という時間概念がそれに該当する。

　つまり、時間が迫れば意識は集中できるのである。しかし、実際のビジネスの世界において締め切り間際で業務を処理しているようでは、顧客からの信頼も薄くなる。ドラッカーは次のように述べている。

　「成果を上げる者は、仕事からスタートしない。時間からスタートする。計画からもスタートしない。まず、何に時間がとられているかを知ることからスタートする。〜中略〜　時間の使い方を知っている者は、考えることによって成果を上げる。行動する前に考える……」（上田惇生〔2009〕p.79）[7]。期待以上のアウトプットを創造するために、必ず時間という概念を必要とするT型業務®は抱えておくべきである。

---

7 週刊ダイヤモンド　2009年2月7日特大号

第3章 成果主義と情報系システムの導入

❶ 成果主義とパフォーマンス営業®

　なぜ、成果主義が制度として存在するのだろうか。それは、評価対象として「成果でしか評価できない業務に従事している」からである。例えば、「一生懸命業務に従事することによって成果に繋がる職種」と、「一生懸命業務に従事したからといって、必ずしも成果に繋がらない職種」が存在しているからである。これは、「時間の経過とともに成果が見える職種」と「時間の経過に関係なく成果が見える職種」に大別できる。

　つまり、成果主義対象者には、「成果＝時間」という評価概念が存在しにくいからこそ、むしろ、成果（＝結果）で評価されるべきなのである。

　ただし、著者は成果を２つに分けている。先にも記述したが、成果は、結果指標と先行指標に分かれる。パフォーマンス営業®パーソンの行動内容として測定される対象は、先行指標であって結果指標ではない。むしろ、先行指標を計画的に達成できているからこそ、結果指標を達成できる可能性が高まるのである。

　営業パーソンを管理している組織としては、全員が結果指標を達成してもらいたいと思っていると同時に、その達成比率のバラツキを狭めたいとも考えている。それを結果指標だけで評価してしまっては、組織としても財産が残らない。また、結果指標だけではラッキー（lucky）、もしくは、アンラッキー（unlucky）という概念が入り込んでくるだけに、一概に評価に値するとは言い切れない。

　一方、先行指標が達成されているからといって、必ずしも結果指標に繋がらないこともある。そこは、人事制度における評価制度と報酬

制度の運用でカバーする。

コラム21 成果でしか評価できない立場

　営業パーソンの動きは、定型業務が少ないので管理が難しい。また、顧客と直接やり取りするので、計画通りに進まない場合がある。つまり、行動管理が難しい。

　だからこそ、行動管理ではなく成果管理をすることが本来は望ましい。特に管理職は、メンバーの細かい行動管理を行うのではなく、決められた成果（ここではT型業務®の先行指標を指す）だけをまずはしっかり管理しておくべきである。

　営業パーソンが一人ひとり顧客のことを日々考えている（＝T型業務®）中で、最終的に結果指標へ結びつかないのであるならば、むしろ、管理職として対策のある意見、及び指示も出しやすいものである。同時に、本人も考えている（＝T型業務®で悩んでいる）からこそ、うまく進まない理由が見えてくるものである。

　一方でT型業務®に携わることなく、S型業務®だけで1日の業務を終えてしまっている人には、対策のある考えが出てくる可能性は低い。そのような人から出てくる言葉は、「一生懸命やっているのに……周りの環境が悪いんだ！」。この言葉の裏に隠れている気持ちを否定することはしないが、これでは対策を見出すことはできない。

　ロイター〔2007〕が行った調査で、「忙しそうに見える従業員の多くが、実際にはインターネットで暇をつぶし、仕事をさぼっている時間が多いことが明らかになっている。勤務時間の約20％を仕事とは無関係の個人的な時間に費やしているとの調査結果もある」とのこと。

　人間である以上、緊張感を維持し続けることには限界があり、不可欠な

余裕時間も必要であることは許容できる。しかし、勤務時間を公私混同することを会社として許容するわけにはいかない。

　気分転換のために、コーヒーで一服することもあれば、ネットサーフィンすることもあるだろう。それらは息抜きであるからこそ敢えて干渉するべきではないと考える。

　つまり、時間という行動管理ではなく、結果（＝成果；ここでは先行指標）で判断せざるをえないのである。

コラム22　顧客が営業に期待していること

　顧客自身、不景気の中で経営の先行きに関して日々考えている方は多い。そんな彼らが取引先の営業パーソンに期待していることは、ただ１つ。それは、提案をもらえることである。

◎「……のような提案を御社の……社へ、小生が持ってきたこのアイデアを元に、提案を行ってみてはどうですか」

◎「……の業界で……のような追い風要因がありますので、ぜひ、……社へ……を共通言語に打診してみてはどうですか」

◎「……では機会損失になりますが、……のように考えると機会利益としてとらえることができます。ぜひ、やりましょう」

　という具合に、前進感のある議論ができるから、相乗り発想や気づきがあり、楽しくなってくる。

　決められたレールの上を歩んでいるほど余裕のある経営を行っている会社は少ない。オリジナルなアイデアで革新的な動きができることを、顧客は望んでいる。これからの時代、現場第一線の営業パーソンは、それらを理解した上で、パフォーマンス向上に特化した提案力が期待される。本当に親身になって顧客の相談に乗ることとは、むしろ対策のある提案を提示

している（＝考えている）ことであって、決して相手の発言を聞いて頷くことだけではない。「相手にとって価値ある情報を提供することこそビジネスの王道」（本田〔2008〕）である。

提案するためには、細かく相手を分析し観察することは言うまでもない。顧客の実情を深く細かく理解した対策のある提案だからこそ、関係者はモチベートされるのである。

❷ T型業務®と情報系システム

T型業務®の進め方を、「インプット⇒プロセス⇒アウトプット」に沿って解説してみると、T型業務®のテーマ（＝アウトプット）は、K-SWOT®によって見えてきた。これを実際にアウトプットとして見えるようにするためには、考える（＝プロセス）ことが期待される。しかし、良質な情報や事実（＝インプット）を使わずして期待以上のアウトプットを創出することは、何も栄養を取り入れていない（＝インプット）にも関わらず、試合で勝て！（＝アウトプット）、と言っているようなものであり、そもそも不能解な話である。

また、情報が氾濫している現代において、どれが良質な情報であり、また、どれが使える情報なのかを、人間一人ひとりで判断し、精査していくことは、スピードの時代においては全く競争優位性に寄与しない。

モノや情報が溢れている現代の社会において、ニーズは多様化し、営業パーソン一人ひとりのセンスに頼った営業スタイルが通用する時代はすでに終焉を迎えている。

だから、情報系ITシステムが必要なのである。ここで対象となる情報系ITシステムとは、一般的にビジネス・インテリジェンス（business intelligence）であり、アナリティクス（analytics）である（図表3-1参照）。そして、これらの営業部門情報が製造部門と合致することで、多大なる競争優位性が生まれる可能性が高まる。そのためには、CRM（customer relationship management）を無視することはできない。「新たな売上を生み出すには、お客様の声をきちんと把握する必要があります。営業担当者が持っていたり、カスタマーサポートやインターネット上で入手できるお客様の声や情報のすべてをリアルタイムで集め、商品の開発や改良に繋げるうえで、CRMは必須のツールです」（藤本〔2008〕p.10）。

営業パーソンが期待されていることは、効果性の向上、つまり、売

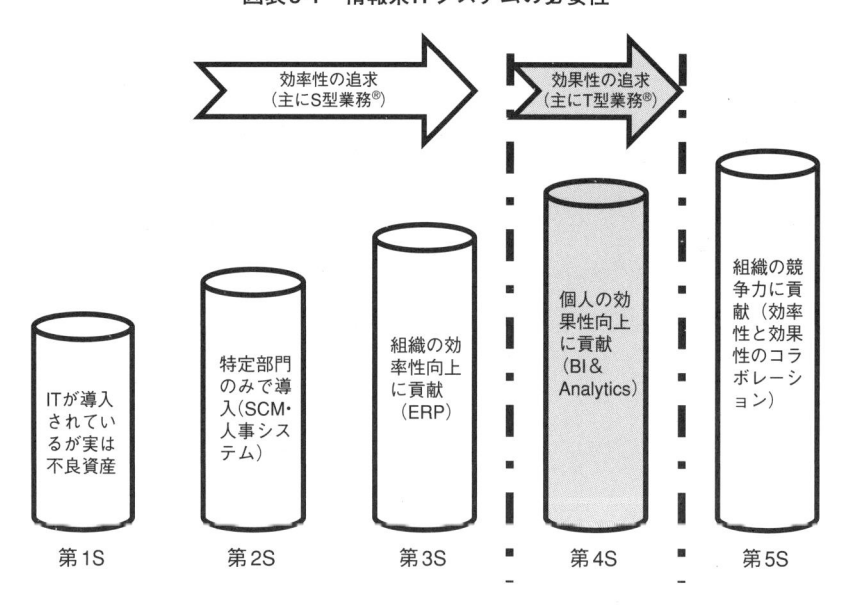

図表3-1　情報系ITシステムの必要性

効率性の追求（主にS型業務®）　　効果性の追求（主にT型業務®）

第1S	第2S	第3S	第4S	第5S
ITが導入されているが実は不良資産	特定部門のみで導入（SCM・人事システム）	組織の効率性向上に貢献（ERP）	個人の効果性向上に貢献（BI & Analytics）	組織の競争力に貢献（効率性と効果性のコラボレーション）

上の向上であることを今一度認識しておきたい。したがって、CRMは新規需要の創出をサポートしてくれるツールであるべきである。

情報系ITシステムに限らず、ITシステムは企業にとっても導入することが目的ではない。むしろ、営業パーソンにとってT型業務®を日々創造していくための一助となるように、情報系ITシステムをツールとして必要とされているからこそ、当事者は主体的に使おうと"意識"し、結果、"使う行動"に結びつき、期待以上の"アウトプット（＝T型業務®）"にも期待できるのである。

（1）システム導入の成功裏には人材ビジョンが必要

某企業の役員の方からこんな質問をされた。「当社でも世間同様、情報系システムを導入しているが、当社の営業社員の行動がどのように変わってきている（＝向上している）のかが見えない」。何とも、検討の難しい質問であった。

しかし、システムを使うであろう現場の方々にとって、それは目的を達成するための手段なのか、それとも、使うことが目的なのか。一方で、会社としては、使ってもらうことが目的なのか、それとも導入することが目的なのか。これらが曖昧なままでは導入成果は見えないだけでなく、必然的に失敗する。

例えば、パフォーマンス営業®では、T型業務®を推進することを大前提に、システムの力を借りて知的生産性の高い業務を遂行していく。しかし、T型業務®は顧客と当事者、もしくは当事者間同士では共通言語にはなれても、それが自社組織としての共通言語にはなり切れない。組織と個人が共通言語にするには、ステージを上げなければならない。

それは、営業部ビジョンであり、営業タレント・ビジョン（図表3-

図表3-2　コーポレート・ビジョンとタレント・ビジョン

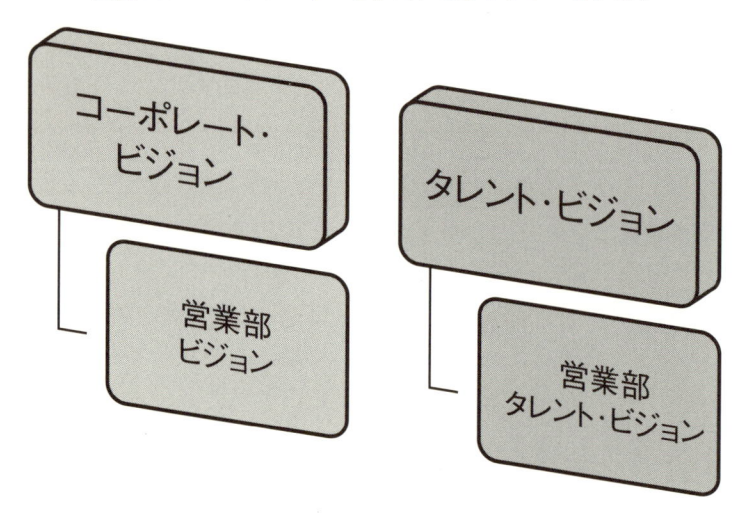

図表3-3　論理性を高めるフレームワーク

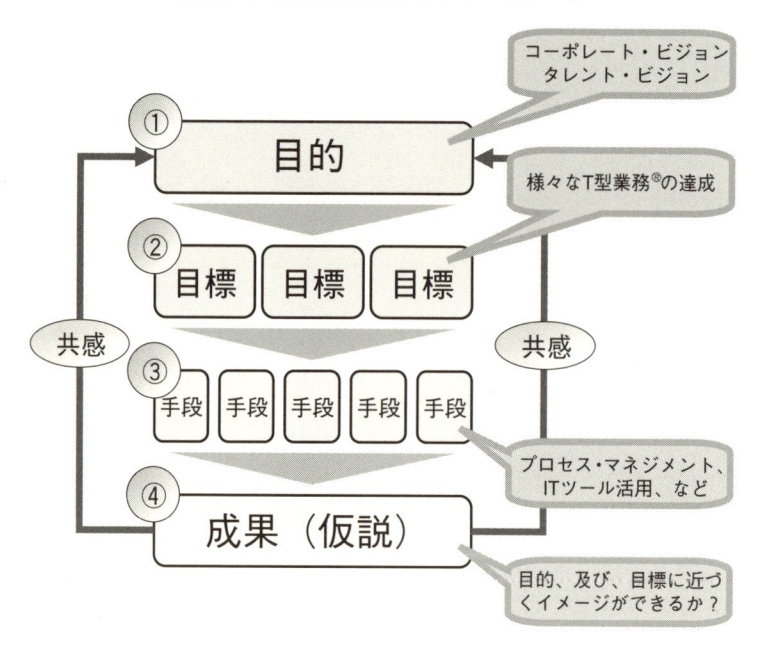

2参照)である。営業部としてのコーポレート・ビジョン、及びそのコーポレート・ビジョンを達成するであろうタレント・ビジョンこそが社内で共有化されているからこそ、システムを活用する方法論にも頷けるのである(図表3-3参照)。

したがって、パフォーマンス営業®においてT型業務®を推進している限り、営業パーソンが、「データ入力のために他のアプリケーションを開けるのが面倒」とか、「個人の活動予定やメールで報告した内容を、再度、システムに入力するのは面倒」とか、「そもそも、自分が持っている情報を社内といえども他人には見られたくない」とか、「データ入力が果たして自分にとってどのようなメリットになるのか」などの後ろ向きな意見は出てこない。

システムが足かせとなっている場合は、システム導入が目的になっていないだろうか。決して導入することが目的ではなく、ツールとして使い切ることによって、効果を向上させる一助となるものであるはずである。そのような現場では、営業部ビジョンを軸に、今一度、経営の上流工程から見直してみてはいかがだろうか。

コラム23　情報系システムが優良資産として運用できる理由

すでに情報系システムを導入している企業の社員の方に問うてみてほしい。「貴社の情報系システムは、貴方のビジネス活動に多大なる貢献をしていますか」。

情報系システムとは、どこまでいってもツールであるからこそ感情を抱くことは決してない。つまり、情報系システムが自社の優良資産として運用されているかどうかは、それを活用している人材次第といっても過言ではない。

その人材は、情報系システムをリードして活用しているだろうか。情報系システムは、営業パーソンにとって先行指標（＝Ｔ型業務®）、そして、その先にある結果指標を達成するために必要なツールであるからこそ、場面に応じて、そのツールの是非は一人ひとりが意識して取捨選択する必要がある。

　例えば、足三里を強く押すと頭痛が治る人には、頭痛薬は不要である。したがって、情報系システムの導入は、タレント・ビジョン到達に向けての人材戦略とセットで語る必要がある。

◎「競争優位性≠情報系システム導入」

　ではなく、

◎「競争優位性＝人材戦略×情報系システム導入」

である（図表3-4参照）。人材戦略を進めていく上で、情報系システムが効

図表3-4　競争優位性＝人材戦略×情報系システム導入

システムだけでは、競争優位性に繋がる可能性は不確実性

- システムの導入目的って何だ？
- システムに使われていないか？

競争優位性 → ？ ← システム

システムと人材戦略を組み合わせると、競争優位性に繋がる可能性が高まる

明確な方向性に沿ってシステムを活用すると、競争優位性は導かれる。

競争優位性 ← 人材戦略／システム

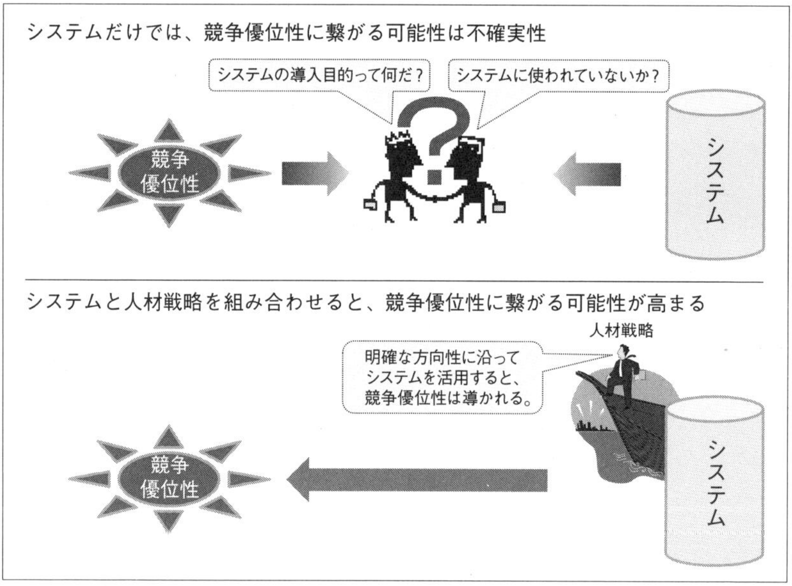

果的に機能するから導入する価値があり、そこに競争優位性が生まれる可能性が高まるのである。

　情報系システムとは、目的に応じて人間が使うものであり、決して人間がシステムに使われるものではない。

第4章 S型業務®の効率化とT型業務®の時間管理

❶ S型業務®と効率化向上システム

　これまではT型業務®を中心に語ってきたが、実際の現場においてT型業務®を中心にビジネス活動を進めていくことは難しい、と思われていることだろう。その見解は間違いない。実は、T型業務®の裏には、処理業務中心のS型業務®も同時に存在しており、このS型業務®は決してなくなることのない業務であるからこそ、うまく処理して進めていきたいものである。

　ここで、著者が「……うまく処理して進めていきたい……」と表現したことには意味がある。S型業務®をうまく処理することが目的ではなく、不確実性の高いT型業務®への投入時間を確実に確保するために、S型業務®の投入時間を改善して工数削減し、投入時間を低減していくことが目的である、ためである。

　この目的を達成するために、最終的にはS型業務®とはできるだけ手離れすることが望ましい。実際に「ゼロ（＝排除）」にすることはできない業務（一部を除く）であるが、定型業務であるからこそ、多大な時間を投入することは本意ではない。効率化を向上させるための改善4原則に基づいて解説すると、不必要なS型業務®は排除（E；eliminate）する。生産性を高める最適な方法とは排除である。しかし、排除できないものは、結合（C；combine）、及び入れ替え（R；rearrange）し、最終的には、簡素化（S；simplify）する場面で、ITシステムを活用することを1つの代替案とする。

　お気づきのように、多大な投資をしなくても、「E、C、R」のレベルで知恵を出せば、一定の効率性は向上するものである。

　この改善4原則は、5W1Hと一緒に考えて知恵を出す思考プロセス

（図表4-1参照）である。

図表4-1　知恵を出す思考プロセス

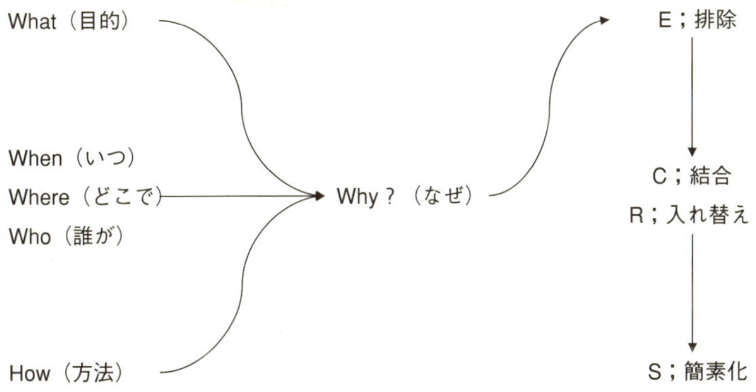

- What（目的）
- When（いつ）
- Where（どこで）
- Who（誰が）
- How（方法）

→ Why？（なぜ）

- E；排除
- C；結合
- R；入れ替え
- S；簡素化

コラム24　改善4原則には正しい順序がある

　IE（industrial engineering）の世界で頻繁に使われるこの改善4原則には、正しい順番がある。文字通り、「E⇒C⇒R、そして⇒S」である。一般的に改善を考えるときは、最後のS（simplify；簡素化）の改善が考えやすいので、安易に取り組んでしまう。しかし、簡素化するために、多大な初期投資を必要とするようなアイデアは、むしろ財務的な経営業績に貢献しているとは言い難い。よって、IEの世界においても、Sは最終段階に位置付けられている。

　このように考えると、Sは金額を問わず、いくらでも投資することが可能であれば、生産性はどこまでも向上させることができるが、その対策とは、システムの導入方法を検討していることであって、改善して効率性を高める検討をしていることとは異なることに気づかなければならない。

　経営学、経営工学、経済性工学をベースにした効率性向上マネジメント

技術（Human Productivity Technology®）に関しては、『戦略的営業利益マネジメント　コストをかけずにホワイトカラーの生産性を向上させる』（坂本〔2008〕）に譲る。

コラム25　業務を効率化することは目的ではない

　知識労働従事者にとって、S型業務®を効率化することは目的ではない……と言い切ってしまうと、組織内で総論賛成各論反対の意見が出てくることがある。そもそも、そのような人はT型業務®を持っていないことが多い。つまり、「業務の効率性を高めよう」という運動は、響きはよいし、また、世間的にもそのような運動を行っていることは株主に対しても受けはよい。しかし、自部門、もしくは自身にとって業務の効率化が進められると有り難くない、と思ってしまうことは、知識労働従事者にとってはありえないことであり、その原因はT型業務®の存在有無が大きく左右していると考えられる。

　T型業務®に日々邁進している人にとっては、S型業務®をどのように手離れしようかと考えるものであり、だから、S型業務®の効率化が必要とされるのである。したがって、S型業務®を手離れさせることは、機会利益を発見することであり、実益可能性利益の測定に繋がるので、最終的には実益に繋げるところまで考察することができる（図表4-2参照）。S型業務®は効率性を追求する業務であることから、T型業務®とは異なる測定技術、BPR-I（brain progressive reinforcement-index）を参考にする。この内容も、詳しくは、『戦略的営業利益マネジメント　コストをかけずにホワイトカラーの生産性を向上させる』（坂本〔2008〕p.90）に譲る。

　対象が知識労働従事者であるからこそ、T型業務®の存在を無視して業務を効率化することが目的となっているならば、組織そのものが疲弊する可能性は高い。このような状態では、改善結果が組織財産として何も残らない。

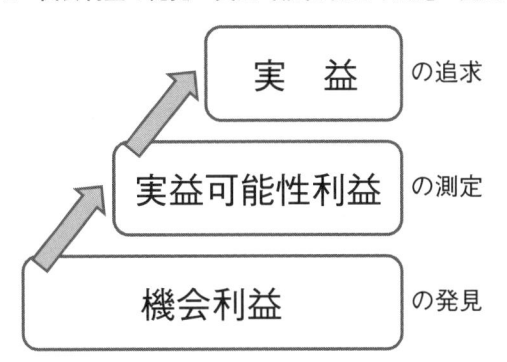

第4章：S型業務®の効率化とT型業務®の時間管理

図表4-2　機会利益の発見〜実益可能性利益の測定〜実益の追求

実　益　の追求

実益可能性利益　の測定

機会利益　の発見

❷ 週間業務計画表

　パフォーマンス営業®パーソンが自身の先行指標（＝T型業務®）管理を進めていくために、週間業務計画表（図表4-3参照）を活用する。この計画表は、自身のT型業務®に対する意思表示であり、同時に、T型業務®は計画的に投入時間を確保する必要があるからこそ、事前に計画し、見える形として組織内でオープンにし、自ら緊張感を高めていくものである。

　投入時間を確保することによって、自身に時間意識が芽生え、必然的に意志のある行動に繋がる。

　週間業務計画表が社内でオープンになれば、いたずらに「忙しい」だけで日々、忙殺されることを防ぐことができる。

（１）週間業務計画表の使い方

週間業務計画表（図表4-3）に沿って使い方を解説する。

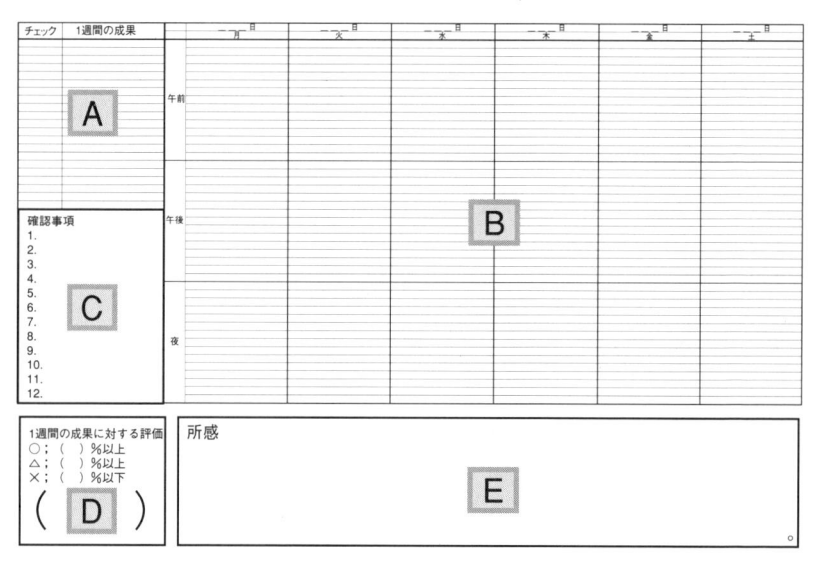

図表4-3　週間業務計画表

（図中ラベル：A、B、C、D、E／確認事項 1～12／1週間の成果に対する評価 ○;( )%以上　△;( )%以上　×;( )%以下／所感／午前・午後・夜／月・火・水・木・金・土）

|計画①| ステップ1 | ゾーンA

週間業務計画表を記入する際に、最初に記入するところがゾーンAである。該当する週における成果物を成果表現でT型業務®、S型業務®に分けて記入する。

列挙することによって、その週の忙しさに緊張感が走ることに繋がる。例えば、T型業務®が4つでS型業務®が1つしかないのであれば、おそらく、その1週間は緊張感が連続している週であろう。一方で、T型業務®が1つでS型業務®が7つあるならば、例え、S型業務®の業務

量が多いと言えども、緊張感は低い。管理者は、「彼（彼女）は今週は少々余裕があるな」と把握できるものである。

計画②　ステップ2　ゾーンB

ゾーンAが記入されたら、次にゾーンBを記入する。ここに記入する内容は、大きく2つ。1つは、T型業務®の投入日、及び投入時間。もう1つは、会議や打ち合わせ（社内外）などの定時業務。特に、顧客との会議は事前に決まっているものであり、その時間は計画的に確保しておかなければならない。

では、S型業務®は記入しないのか、と思われた方がいるだろう。S型業務®の計画時間はここには記入しない。これは、S型業務®には取りかからなくてよい、と言っているのではなく、S型業務®は一定の時間を投入すれ

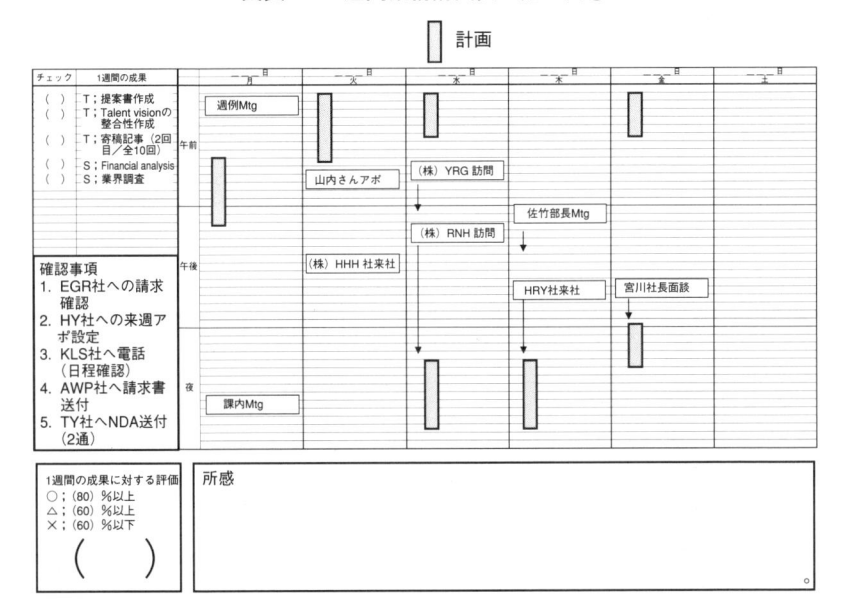

図表4-4　週間業務計画表の記入例①

ば成果が見える業務であるからこそ、T型業務®、及び会議などの計画的時間以外の「細切れ時間」で対応することが望ましい(図表4-4参照)。

　繰り返しになるが、知識労働従事者であるパフォーマンス営業®パーソンにとって、業務の第1優先順位はT型業務®であって、S型業務®ではないことを理解しておくこと。

計画③　ステップ3　ゾーンC

　ゾーンBが記入されたら、次にゾーンCを記入する。ゾーンCは確認事項であるので、抜け、漏れなどを防ぐために記入しておく。確認が終わればそれで終了するような事項のみを記入し、T型業務®、S型業務®のように成果物として期待されるような事項は、ここには記載してはいけない。

実　行

　まずは、計画通りに実行してみる。

振り返り①　ステップ4　ゾーンD

　1週間が終了した後、計画したT型業務®がどれほど達成できていたかを確認する。例えば、達成率が80％以上なら「○」、達成率が60％以上なら「△」、達成率が60％以下なら「×」とする。達成率の評価軸は社内で共有していればよく、記載されている達成率は参考までとする。

　ここで重要なことは、達成率の数字ではなく、計画したT型業務®が計画通り期待される成果に沿って達成できていたかどうかである。また、T型業務®はエンドレスに続く場合が考えられるので、今週達成できなかった場合は、それはそのまま次週に繰り越されることを意識

第4章：S型業務®の効率化とT型業務®の時間管理

するためにも、達成内容は都度確認しておくことが望ましい。

振り返り②　ステップ5　ゾーンE

最後に、1週間を振り返ってみる（図表4-5参照）。管理職としてこのゾーンEの見方のポイントは2つ。1つは、ゾーンDを見る。ゾーンDが「○」で実際にその成果物が確認できていれば、むしろゾーンEは特に意識する必要はない。問題は、もう1つのパターンである。ゾーンDが「△」もしくは「×」であるにも関わらず、ゾーンEが空白な場合。これは管理職としては放置しておくわけにはいかない。このような場合は、本人も原因が全く見えていないかもしれないので、本人の行動パターンにまで介入する必要がある。

一方で事例にあるように、「×」であっても本人が対策を語ってい

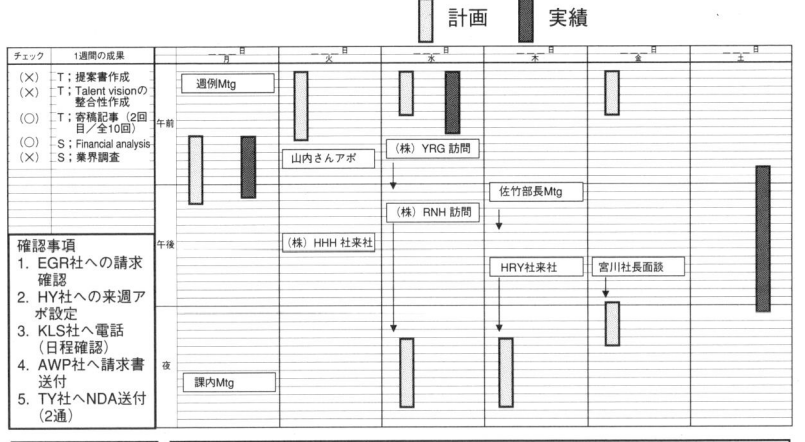

図表4-5　週間業務計画表の記入例②

チェック	1週間の成果		月	火	水	木	金	土
（×）	T；提案書作成	午前	週例Mtg		(株) YRG 訪問			
（×）	T；Talent visionの整合性作成			山内さんアポ		佐竹部長Mtg		
（○）	T；寄稿記事（2回目／全10回）				(株) RNH 訪問			
（○）	S；Financial analysis							
（×）	S；業界調査							
		午後		(株) HHH 社来社				
確認事項						HRY社来社	宮川社長面談	
1. EGR社への請求確認								
2. HY社への来週アポ設定								
3. KLS社へ電話（日程確認）								
4. AWP社へ請求書送付		夜	課内Mtg					
5. TY社へNDA送付（2通）								

1週間の成果に対する評価
○；（80）％以上
△；（60）％以上
×；（60）％以下

（×）

所感　段取りが悪く、今週は日々、業務を追いかける一週間となってしまった。しかし、おかげ様で、その後段取りも含めて、今週中に一定のめどは立たせたので、来週以降は、今週を引きずってしまうことはないと思っている。
よって、土曜日を使うことになってしまったが、これは自主的な行動であり、T型業務®のメドが見えてきたので、むしろ、満足している。
来週以降の自分に期待したい。

るならば、特に介入する必要はない。むしろ今後の可能性に期待して、向こう1週間は任せてもよいだろう。

最後に、図表4-3のゾーンEを見てほしい。「。」が一番右端に記載されているが、これは、「ここまでしっかりと振り返って書きなさい」という示唆である。頭の中でわかっていても、文字で表現できないようでは、論理的に理解しているとは言い切れない。そういう状態を、「わかっていない」と言う。だから、ここまで直筆で書いてもらう。

振り返ってみたときに、直筆であれば本人にも気づきが多い。気づきの多さは成長の証にもなる。

(2) T型業務®の時間管理は週間で行う

日々の業務活動において、パフォーマンス営業®パーソンとして計画通りに進むことは少ない。少なからず、問い合わせなど計画以外の突発的な業務は、市場と直接接している限り発生するものである。そのような業務はできるだけ早急に処理することが、顧客にとっても喜ばしいことである。これは、言うに及ばない。

だからと言って、T型業務®を疎かにしてよい、とは言えない。むしろ、そのような不確実性の高い環境の中において、T型業務®をどのようにすれば計画的に実行できるかを考えていかなければ、知識労働従事者としての市場からの期待を裏切ることになるだろう。

よって、T型業務®に対する投入時間は日々管理するのではなく、1週間で管理することが望ましい。ランチェスターの法則に沿うならば（p.48、図表2-18参照）、日々、2.5HをT型業務®に投入できることが望ましいが、それは実際的ではないかもしれない。例えば、社内外を問わず打ち合わせが3本（／日）入ると、T型業務®どころではないだろう。

第4章:S型業務®の効率化とT型業務®の時間管理

よって、2.5H(／日)(図表4-6・4-7参照)で管理するのではなく、12.5H(／週)(図表4-8・4-9参照)で大きく捉えておいた方が計画的に進ませることができる。

図表4-6・4-8の言葉の定義は、下記の通り(坂本〔2007〕p.96)である。
◎空間的業務時間;測定不能業務のこと。投入時間とは関係なく、できばえ

図表4-6　時間の種類と配分（日）

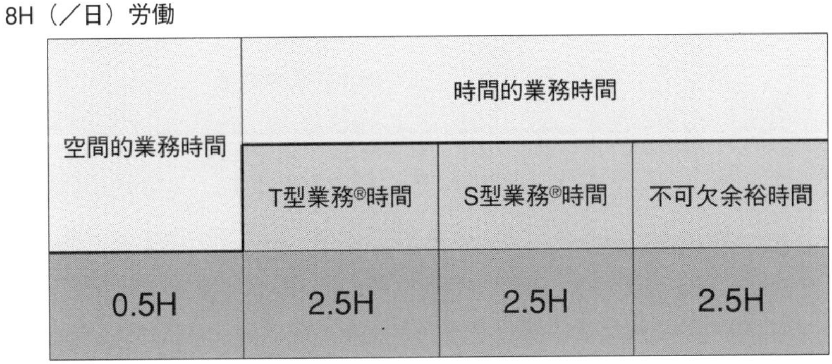

8H（／日）労働

空間的業務時間	時間的業務時間		
	T型業務®時間	S型業務®時間	不可欠余裕時間
0.5H	2.5H	2.5H	2.5H

図表4-7　運用上の時間配分（日）

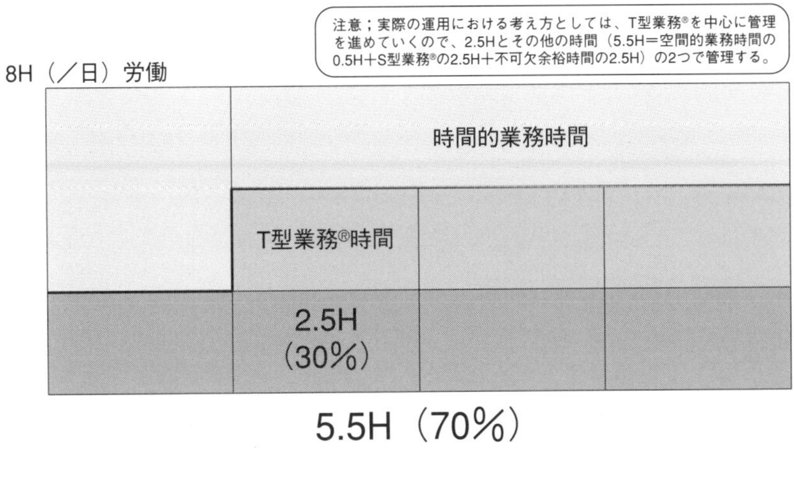

注意；実際の運用における考え方としては、T型業務®を中心に管理を進めていくので、2.5Hとその他の時間（5.5H＝空間的業務時間の0.5H＋S型業務®の2.5H＋不可欠余裕時間の2.5H）の2つで管理する。

8H（／日）労働

	時間的業務時間		
	T型業務®時間		
	2.5H （30%）		

5.5H（70%）

を問う(例；方針を考える、経営課題を考える、企業戦略を考えるなど)。
◎時間的業務時間；測定可能業務のこと。投入時間とのバランスで、できばえを問う(例；T型業務®、S型業務®)。
◎不可欠余裕時間；人間として生理的な行動に対する時間や、物事を進める場合のバッファの時間など。

図表4-8　時間の種類と配分（週）

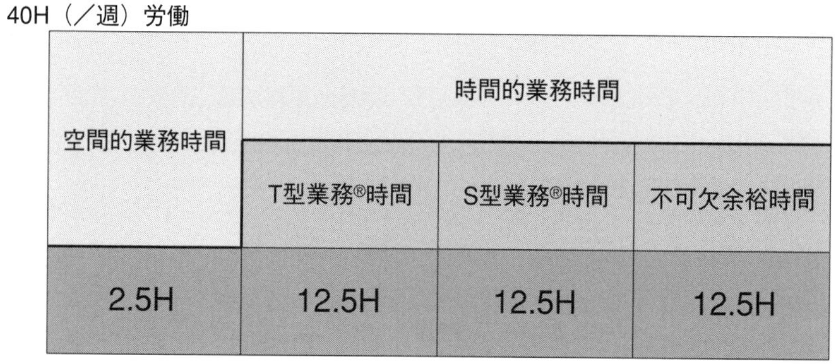

40H（／週）労働

空間的業務時間	時間的業務時間		
	T型業務®時間	S型業務®時間	不可欠余裕時間
2.5H	12.5H	12.5H	12.5H

図表4-9　運用上の時間配分（週）

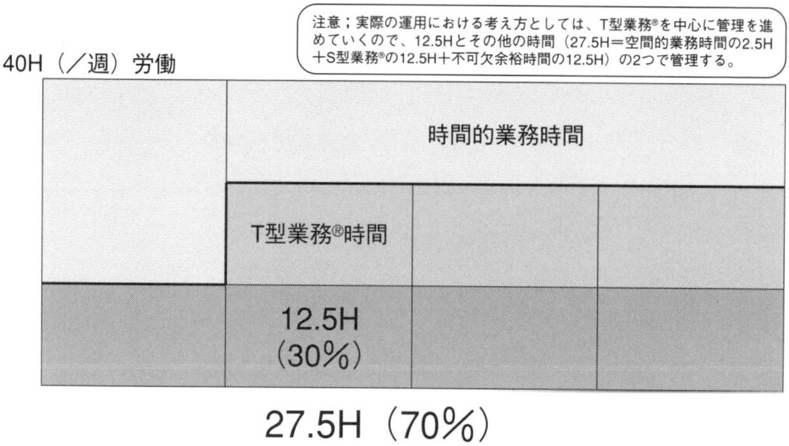

40H（／週）労働

注意；実際の運用における考え方としては、T型業務®を中心に管理を進めていくので、12.5Hとその他の時間（27.5H＝空間的業務時間の2.5H＋S型業務®の12.5H＋不可欠余裕時間の12.5H）の2つで管理する。

	時間的業務時間		
	T型業務®時間		
	12.5H（30％）		

27.5H（70％）

(3) 事例；ある1週間のT型業務®に対する実績

図表4-10のグラフは、T型業務®について、ある1週間を取り上げてみたものである。グラフの見方としては、上図がT型業務®に対する曜日別成果指標の投入実績時間、及び計画時間・あるべき姿との比較であり、下図が週間成果指標である。

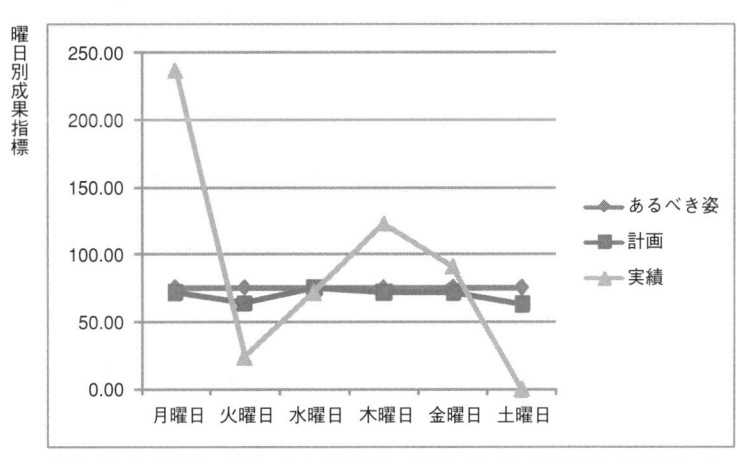

図表4-10　ある1週間のT型業務®に対する実績〔その1〕

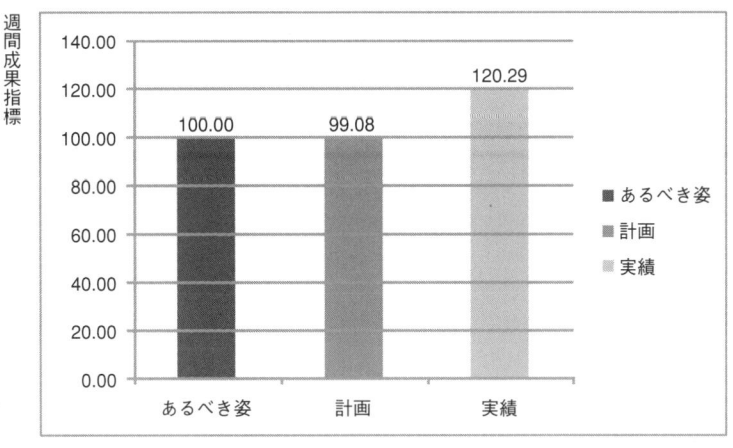

曜日別成果指標のグラフ（月曜日〜土曜日、あるべき姿・計画・実績）

週間成果指標のグラフ
- あるべき姿：100.00
- 計画：99.08
- 実績：120.29

図表4-11　図表4-10のデータ

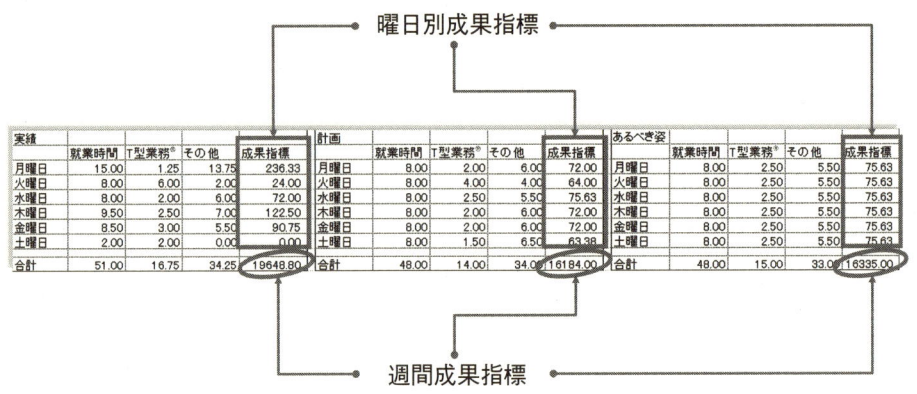

実績	就業時間	T型業務®	その他	成果指標	計画	就業時間	T型業務®	その他	成果指標	あるべき姿	就業時間	T型業務®	その他	成果指標
月曜日	15.00	1.25	13.75	236.33	月曜日	8.00	2.00	6.00	72.00	月曜日	8.00	2.50	5.50	75.63
火曜日	8.00	6.00	2.00	24.00	火曜日	8.00	4.00	4.00	64.00	火曜日	8.00	2.50	5.50	75.63
水曜日	8.00	2.00	6.00	72.00	水曜日	8.00	2.50	5.50	75.63	水曜日	8.00	2.50	5.50	75.63
木曜日	9.50	2.50	7.00	122.50	木曜日	8.00	2.00	6.00	72.00	木曜日	8.00	2.50	5.50	75.63
金曜日	8.50	3.00	5.50	90.75	金曜日	8.00	2.00	6.00	72.00	金曜日	8.00	2.50	5.50	75.63
土曜日	2.00	2.00	0.00	0.00	土曜日	8.00	1.50	6.50	63.38	土曜日	8.00	2.50	5.50	75.63
合計	51.00	16.75	34.25	19648.80	合計	48.00	14.00	34.00	16184.00	合計	48.00	15.00	33.00	16335.00

曜日別成果指標

週間成果指標

〔事前説明〕

1. "あるべき姿"の時間配分としては、就業時間8H（／日）の内、T型業務®への投入時間を2.5H（／日）と設定した。実際に運用における適切なT型業務®への投入時間設定は、各社、もしくは職位別に定義する必要がある。

2. "計画"、及び"あるべき姿"における就業時間は8Hに設定しているが、"実績"における就業時間は、実際に就業している時間を参考に記入した。

3. それぞれの成果指標は、「＝T型業務®×（就業時間−T型業務®）^{2}」で算出。これは、「成果（＝結果指標）＝T型業務®を考える時間（先行指標）×活動する時間^2」を参考にしている（p.48参照）。

〔検証Ⅰ〕（図表4-10・4-11）

1. 月曜日におけるT型業務®投入"実績"時間は1.25Hであり、T型業務®投入"計画"時間（＝2.00H）、及び"あるべき姿"のT型業務®投入時間（＝2.50H）とは少々乖離している。これは、計画時間内でT型業務®成

果を創出できた、と理解しても間違いないだろう。ただし、月曜日時における T型業務®成果の完遂事実の確認は、週間業務計画表に戻ることとする。

2. 月曜日における"実績"成果指標（＝236.33ポイント）は、"計画"成果指標（＝72.00ポイント）と比較して大幅に高い。週間業務計画表を参照した上で、月曜日に対応しなければならないT型業務®が達成されているならば対象T型業務®に関して考慮する必要はなく、月曜日における就業時間は15Hであることから、当事者の行動計画、及び労務管理に留意する必要がある。

3. 土曜日における"実績"成果指標が、T型業務®に対して2H投入しているにも関わらず0ポイントと表記されている。T型業務®投入"計画"時間が1.5Hであることから、投入している事実だけを見ると成果指標として算出された結果0ポイントであることは腑に落ちないように思える。しかし、知識労働従事者の行動パターンは週間で見ることが望ましい。知識労働従事者は、考える仕事と活動する仕事の2つの側面を持っていることを前提に業務に臨んでいる。したがって、T型業務®だけに従事することを最終成果として評価しない。

4. 最終的には当日だけで評価するのではなく、週間で管理することが望ましく、そのために週間成果指標が存在する。この週における"実績"成果指標は、19648.80ポイントであり、"計画"成果指標（＝16184.00ポイント）とは、┕3464.8ポイントの乖離がある。あるべき姿を100％と仮定した場合、乖離幅として＋21.21％存在している。さらに、"あるべき姿"成果指標（＝16335.00ポイント）と比較しても、＋20.29％の乖離が存在していることから、この場合は、"計画"成果指標に対する悲観値のバラツキをどのように低減していくかを考えるだけではなく、必然的に"あるべき姿"成果指標に対する労務管理にも言及す

る必要がある。

〔検証Ⅱ〕（図表4-12・4-13）
1. この週においては、T型業務®投入"計画"曜日が2日間（月曜日・木曜日）に限定されている。T型業務®の投入を必ず各日平準化して投入する必要はない。

図表4-12　ある1週間のT型業務®に対する実績〔その2〕

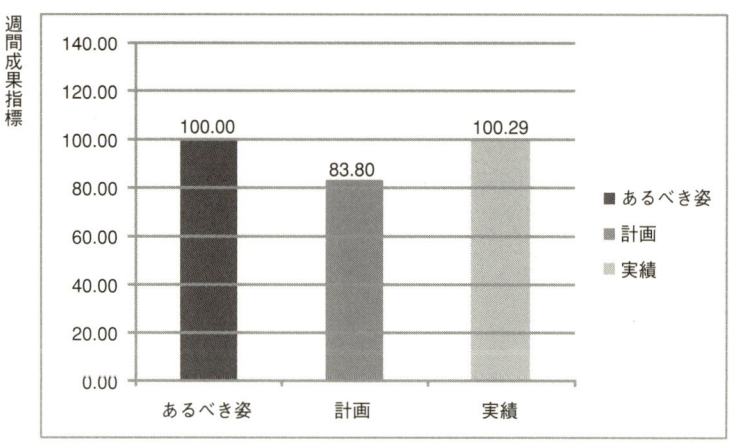

(曜日別成果指標のグラフ：あるべき姿、計画、実績)

(週間成果指標の棒グラフ：あるべき姿 100.00、計画 83.80、実績 100.29)

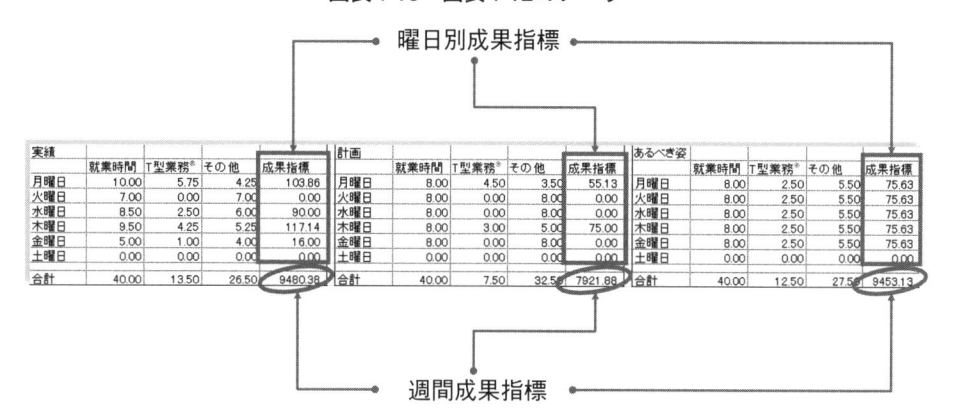

第4章：S型業務®の効率化とT型業務®の時間管理

図表4-13　図表4-12のデータ

曜日別成果指標

実績	就業時間	T型業務®	その他	成果指標	計画	就業時間	T型業務®	その他	成果指標	あるべき姿	就業時間	T型業務®	その他	成果指標
月曜日	10.00	5.75	4.25	103.86	月曜日	8.00	4.50	3.50	55.13	月曜日	8.00	2.50	5.50	75.63
火曜日	7.00	0.00	7.00	0.00	火曜日	8.00	0.00	8.00	0.00	火曜日	8.00	2.50	5.50	75.63
水曜日	8.50	2.50	6.00	90.00	水曜日	8.00	0.00	8.00	0.00	水曜日	8.00	2.50	5.50	75.63
木曜日	9.50	4.25	5.25	117.14	木曜日	8.00	3.00	5.00	75.00	木曜日	8.00	2.50	5.50	75.63
金曜日	5.00	1.00	4.00	16.00	金曜日	8.00	0.00	8.00	0.00	金曜日	8.00	2.50	5.50	75.63
土曜日	0.00	0.00	0.00	0.00	土曜日	0.00	0.00	0.00	0.00	土曜日	0.00	0.00	0.00	0.00
合計	40.00	13.50	26.50	9480.38	合計	40.00	7.50	32.50	7921.88	合計	40.00	12.50	27.50	9453.13

週間成果指標

2. 水曜日におけるT型業務®投入"実績"時間が、計画段階において未計画であったために、"計画"成果指標（＝0ポイント）に対して"実績"成果指標は90.00ポイント。金曜日も同様である。ここで留意しておきたいことは2点。

①当初から計画していたT型業務®が計画内で終了しなかったために、別途計画外の曜日で対応したのか。

②もしくは、非本来のT型業務®が飛び込んできてしまったのか。

　これらの答えは週間業務計画表に戻ることとする。

3. 週間成果指標に関しては、"実績"成果指標は、9480.38ポイントであり、"計画"成果指標（＝7921.88ポイント）とは、＋1558.5ポイントの乖離がある。あるべき姿を100％と仮定した場合、乖離幅として＋16.49％存在している。一方で、"あるべき姿"成果指標（＝9453.13ポイント）と比較すると、＋0.29％の乖離しかないことから、この場合は、"計画"成果指標に対する悲観値のバラツキをどのように低減していくかを考えるだけでよく、"あるべき姿"成果指標に対する労務管理にまで言及する必要はない。

〔総合コメント〕
1. T型業務®の成果管理、及び労務管理を同時に管理するためには、"実績"成果指標を、"計画"成果指標、及び"あるべき姿"成果指標と比較する必要がある。
2. 成果指標は、絶対値で比較するのではなく、バラツキ(悲観値)を低減させていく指標(ここでは＋21.21％、もしくは、＋16.49％が該当する／"計画"成果指標との比較)として活用する。

〔留意点〕
1. "実績"時間における成果指標が、"計画"の時間、及び"あるべき姿"時間よりも高い(もしくは低い)ことの善し悪しに着目するのではなく、乖離している事実に対して対策を考え、次の行動に反映させることが目的。

(4) 労務管理する目的

　労務管理とは一般的に、「賃金制度の活用」、「配置・異動」、「教育訓練」、「労働時間」などが挙げられるが、ここでは「労働時間」を軸に取り上げてみたい。さらに、その対象を知識労働従事者とする(労働集約的業務従事者ではない)。そもそも知識労働従事者は「時間と業務が交換できる」職業ではない。だからこそ、正社員として雇用される価値も高く、次々と成果を組織に残していくことから、企業と個人の同時成長が期待できるのである。
　その成果とはT型業務®であるべきであり、T型業務®を創造するから企業と個人は革新し続け、最終的にはT型業務®の周りにはS型業務®も発生するのである。つまり、知識労働従事者にとっての労務管

理とは、Ｔ型業務®成果管理ための１つの手法であって、労務管理することそのものは目的ではない。パフォーマンス営業®における成果指標は、就業時間を背景にしてＴ型業務®時間を管理するのであって、決してＴ型業務®時間、及び週間業務計画表内におけるＴ型業務®成果だけを管理するのではない。

　Ｔ型業務®に従事するためには、緊張感を高めて集中する必要がある。我々は機械ではなく感情を持った人間である以上、集中するにも限界がある。就業時間内すべてをＴ型業務®に集中することは不可能であると同時に、そのような毎日が継続することは考えられない。一方で、8Ｈ就業時間内における2.5ＨのＴ型業務®投入時間の方が、12Ｈ就業時間内における2.5ＨのＴ型業務®投入時間よりも生産性が高いことは専門知識がなくても理解することは容易だろう。

　つまり、個人のビジネスライフサイクルが健全に継続せずして、企業が継続することはありえない。緊張感を高めて集中力を発揮しなければならないＴ型業務®に従事している知識労働従事者だからこそ、企業として労務管理にまで配慮することが期待される、この正しい順序を今一度理解しておきたい。決して労務管理することそのものが目的であってはいけない。

(5) ４週間分を常時計画

　論理的に申し上げると、企業会計がワン・イアー・ルール（one year rule）で管理されているからこそ、業務計画も年間から月間、そして週間から日々の行動という順序で落とし込まれることが望ましいが、現場の営業パーソンにとって年間の計画は、先行指標ではなく結果指標レベルでしか管理できていないのも実際的である。

年間レベルでの管理はあまりにも先が長過ぎるので、「週間業務計画×4枚＝1ヵ月分」においての将来を見据えたＴ型業務®管理計画を行っておきたいものである。Ｔ型業務®は突発事項に流されることは許されないし、まして、繁忙期にも関わらず、Ｔ型業務®に集中できないことをわかって計画することも本末転倒である。

　先が見えなくして、顧客の期待を上回る提案や対策を打てる可能性は感じられない。

(6) その日のうちにも振り返る

　Ｔ型業務®は、いつ、どのタイミング（週内）で実行するのかは予め決めている。一方で、Ｓ型業務®は細切れ時間で対応するからこそ、実施すれば成果は見える。人間とは、区切りがつくと安心できるものであり、Ｔ型業務®、Ｓ型業務®を問わず、その都度、「やった！」というように決着をつけることがモチベーションの向上にも繋がる。

　一方で、その日のうちに対応できなかったＴ型業務®は、必ず別途どこかで計画的に対応する必要があり、逃げることはできない。計画した期日に対応できなかったことに緊張感を持たせるためにも、日々都度振り返っておくことが望ましい。

コラム26　デジタルか、アナログか

　世の中には、マイクロソフト・アウトルックなど、デジタル業務管理ツールが多くある。一方で、手帳のようなアナログ管理ツールも存在する。

　これらには一長一短がある。デジタル管理ツールの方が、自分以外の多くの人が一斉に確認できる反面、入力することが目的にならざるをえない

場合がある。他方、手帳管理であれば、当事者しか見えない。組織で働いている以上、それでは説明責任を果たしているとは言い切れない。

　意識しておきたいことは、何のために何を管理するかである。管理することが目的ではなく、本来は「本人の行動に緊張感を走らせること」が目的であり、そのために、組織と個人にとって最適なツールを選択してほしいだけである。

　経験則で申し上げると、知識労働従事者は、成果（この場合は、先行指標＝Ｔ型業務®）管理されるべきであり、行動管理は個人に任せておくべきであるからこそ、成果管理だけであれば、デジタル管理も可能と考えている。

　むしろ、スケジュールは管理するものではなく、報告するものであるからこそ、これもデジタル、アナログを問う必要はない。

　しかし、世間で使われているスケジュールソフトは、予定管理ソフトである。必然的に、「入力すること」そのものが目的になる。そして、入力することが面倒になってしまう。「キーボードをたたくよりもノートに文字を書く方が、情報が記憶に定着するのである。〜中略〜　インテリジェンスのプロは例外的な場合を除いてパソコンで記録を作成することを嫌がる」（佐藤〔2008b〕p.134）。

　なかなか難しい議論であるが、現在流行しているレコーディング・ダイエットなどの実績を拝見する限り、行動に反映させるために自分の意識を高めるには、日々コツコツと直筆で記録する作業こそが行動に直結するのだろうか。

　客観的に見ると、どうやら最適な管理方法は、直筆で書かれた自分の手帳を毎日コピーして関係者に配っている方が、本人自身にも意識が高まるだけでなく、周りからの信頼度は高くなるかもしれない。

❸ 管理職としての週間業務計画表の使い方

　週間業務計画表は本人が作成するものであるが、その提出先である管理職はどのように運用すべきか。

（1）共通シートとしての週間業務計画表

　管理職としてメンバーをマネジメントしていくために必要な事項として挙げられるのが、メンバーとの間で「共通のサムシィング（something）」をいくつ持っているか、である。それらは、共通言語でも構わないし、共通の思考プロセスでも構わないし、共通の価値観でも構わない。重要なことは、本人たちとの間で共有化し徹底して浸透できているかどうかである。

　よって、この週間業務計画表も共通のシートとして活用する。何か迷ったときには、常に週間業務計画表に戻る。気がついたときには週間業務計画表をベースにして議論する、など、このシートが共通のサムシィングとなることによって、信頼感が生まれてくるものである。

　コミュニケーション（communication）とは、「頻度×中身」と分解できる。つまり、共通のサムシィングが存在しない（＝ $\triangle$ 中身）ままならば、会えば会うほど（＝ ＋頻度）、お互い、乖離（＝ $\triangle$ コミュニケーション＝ ＋頻度× $\triangle$ 中身）してしまうものである。

（2）成果管理としての週間業務計画表

　企業にはコーポレート・ビジョンがあり、そのコーポレート・ビ

ジョンを達成するあるべき人材像としてタレント・ビジョンが存在する。これらは各部署にブレーク・ダウン（break down）することが可能であり、営業部署には営業部署のビジョンが存在し、営業人材としてのタレント・ビジョンが存在していることが本来は望ましい（図表4-14参照）。

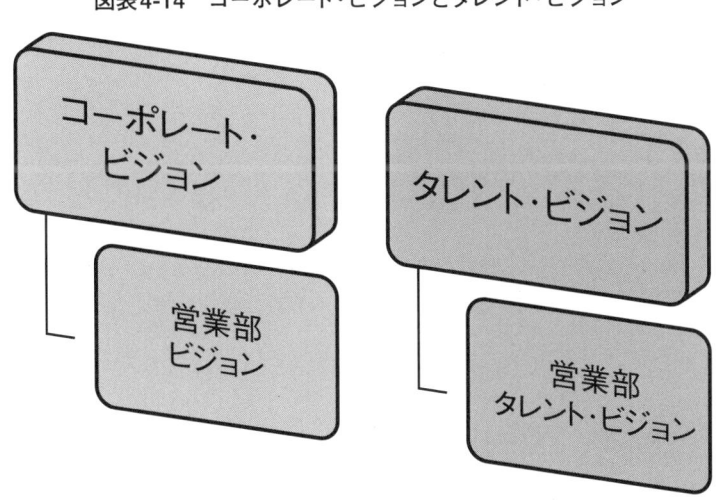

図表4-14　コーポレート・ビジョンとタレント・ビジョン

```
┌─────────────────┐              ┌─────────────────┐
│ コーポレート・  │              │ タレント・ビジョン│
│    ビジョン     │              └─────────────────┘
└─────────────────┘                       │
         │         ┌──────────┐           │    ┌──────────┐
         └─────────│  営業部  │           └────│  営業部  │
                   │  ビジョン │                │タレント・│
                   └──────────┘                │ ビジョン │
                                               └──────────┘
```

　これらを共通言語にして、成果管理（T型業務®）を行う。つまり、成果管理することが目的ではなく、営業人材としてのタレント・ビジョン、最終的にはコーポレート・ビジョンに近づくために、目の前に存在している成果を管理するのである。
　この論理を理解しているからこそ、管理対象となるT型業務®のレベル、及び価値観に関しても、管理職としてフィードバックができるものである。

（3）本人の意志を尊重するための週間業務計画表

　週間業務計画表には、本人の強い意志が吹き込まれているものである。したがって、できるだけ本人の計画を尊重することを前提に管理することが求められる。

　よって、方向性だけはしっかりと管理する必要がある。ただし、ピント外れに関しては正しく強制すること。

コラム27　教育

　教育という言葉の意味を紹介する。大きくは2つ。1つは「強みを最大限に引き伸ばすこと」。そして、もう1つは「正しいことを正しく強制すること」。

　本人の意志を尊重するために、できるだけ強みを引き伸ばしてあげることは必要であるが、平凡なことを非凡にできないまま本人の意志を尊重することは、身勝手な放任主義に陥る。

　会社として、強制してでも徹底すべき行動規範だけは、誰が何と言おうが貫き通していきたいものである。下地が成熟していない人材に夢を語らせることは、儚い背伸びをさせているようなものである。

　型破りな人、とは、実は「型（＝基本動作）がしっかりできている」から「破れる」のである。芸能の世界における、「守・破・離」を今一度心に留めておきたいものである。

コラム28　フィードバック

　管理職が行うことは、フィードバック（feedback）であってコメント提

供であってはいけない。フィードバックとは、「feed＋back」に分解できる。辞書を見ると、feedには餌を与える、という意味が込められている。

つまり、フィードバックを行うということは、何か１つでもよいから本人にとって使える財産と一緒に返してあげることであり、「今回は計画通り進捗してよかったね」とか、「なかなか今週は素晴らしかったね」とか、「どうしたんだ？　難しい顔して……」とかメタファーな言葉でコメントを提供することではない。

管理職として「考えている」ならば、コメントではなく、常にフィードバックできるはずだ。

④ 時間管理

パフォーマンス営業®パーソンにとっては、Ｔ型業務®に対する時間投入管理が先行指標の効果性を向上させ、最終的には結果指標の達成可能性を高めていくことになる。ここでは、時間管理を進めていくにあたり、現在の業務と時間との関係性を定量的に把握した上で、Ｔ型業務®投入時間を創り出すために、時間を形態、計画性、自律性に分けて分析していきたい。

（１）実態調査（図表4-15参照）

大小を問わず、すべての業務において事前にゴールを計画し、そのゴールに到達するべきプロセスを代替案も含めてよく熟考し、そして

ゴールに到達するために粛々と行動する。パフォーマンス営業®パーソンの業務時間内において、T型業務®である「考える時間」を計画的にどれほど投入しているのかを、定量的に把握することが実態調査の目的である。

図表4-15　実態調査の目的とT型業務®

業務実態調査票；営業管理職用

日付		月　日（　）									月　日（　）							
		マネジメント				打合等		固有業務			マネジメント				打合等		固有業務	
要素 時刻		T型業務®	指示指導	実績確認	決裁	調整	社内関係	社外関係	定例業務	特別業務	その他	T型業務®	指示指導	実績確認	決裁	調整	社内関係	社外関係	定例業務	特別業務	その他
8 : 0																					
: 15																					
: 30																					
: 45																					
9 : 0																					
: 15																					
: 30																					
: 45																					
10 : 0																					
: 15																					
: 30																					
: 45																					
11 : 0																					
: 15																					

　もちろん、「ただ考えている行動」が重要なのではなく、「どんなテーマに対して、何のために考えているのか」が重要なのである。パフォーマンス営業®パーソンが、T型業務®を抱えているからこそ、組織の将来の成長性が期待できるのである。
　この調査は4週分（＝1週×4回）を実態調査データとして回収する（参考；T型業務®という表現が組織内に浸透していない場合は、計画・立案業務など、自社内共通言語に言い換えてもよい）。

(2) 形態で観る時間（図表4-16参照）

　時間の拘束を排除するには、時間を自分自身の活動形態で区分して、それぞれの対策を打つことが求められる。

図表4-16　活動形態で観る時間

		8:00	10:00	12:00	14:00	16:00	18:00
				活動時間			
1	独自時間						
2	対人時間						
3	対物時間						
4	移動時間						

◎独自時間

　独りで自分の思考を整理したり、発案する時間。

　対策；重点管理・目標管理・自己鍛錬

◎対人時間

　会議（社内外）や、ミーティングなど、独りではなく人と一緒に過ごしている時間や、電話などもこれに含まれる。

　対策；時間設定・事前準備・目的意識

◎対物時間

　パソコンに向かっている（メール処理を含める）場合や、書類の整理、もしくは整理整頓など、物に接している時間。

　対策；整理整頓・方法改善・スキル向上

◎移動時間

　場所の移動を目的として過ごす時間。

　対策；代替手段・頻度削減

（3）計画性で観る時間（図表4-17参照）

　計画的にリズムよく業務を進めていくためには、将来の自分の活動を見通し、計画化させる対策を打つことが求められる。

図表4-17　計画性で観る時間

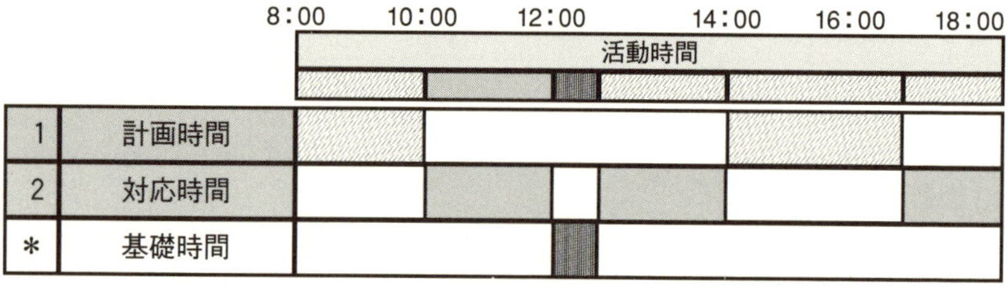

		8:00　10:00　12:00　14:00　16:00　18:00
		活動時間
1	計画時間	
2	対応時間	
*	基礎時間	

◎計画時間

　事前に計画し、計画通りに対応している時間。

　対策；計画したことがスムーズにできるよう事前準備をしっかり行い、また予想される障害に対しては予め対策を打っておく。

◎対応時間

　自分の意志とは関係なく、依頼されたことなどに対応するために投入している時間。

　対策；計画に基づく行動を習慣化すること。

◎基礎時間

生活する上で必要な時間。食事や休憩、そして通勤など。

対策；不可欠余裕時間が含まれていることから、過度でない限り削減することはしない。

(4) 自律性で観る時間（図表4-18参照）

他人に振り回されないで業務を進めていくには、自分自身の活動に自律性を強化させる対策を打つことが求められる。

図表4-18　自律性で観る時間

		8:00	10:00	12:00	14:00	16:00	18:00
				活動時間			
1	自律時間						
2	他律時間						
*	基礎時間						

◎自律時間

自分で決めて行動している時間。

対策；優先順位を必ずつけて行動すること。すべて大事な業務であるが、優先順位がないままでは、すべて大事ではない業務、とも言える。

◎他律時間

自分の意志とは関係なく、他人からの命令、もしくはやらざるを得ないために行っている時間。

対策；事前準備や方法改善、または週間業務計画表の徹底実践により、自律時間の徹底を試みる。

◎基礎時間
　生活する上で必要な時間。食事や休憩、そして通勤など。
　対策；不可欠余裕時間が含まれていることから、過度でない限り削減することはしない。

(5) まとめ

　T型業務®とは、計画的に時間を投入することが求められるからこそ、時間を創り出さないと作れないことも実態である。
　結果的に時間を作り出せなくなると、決まって出てくる文句が、「特に手を抜いてるんではなく、一生懸命やっているんだけどなぁ……」。管理する側もT型業務®が計画通りに進捗していないと顧客の期待に沿う可能性が低くなるので、緊張感が走るものである。だから、対策を考えなければならない。
　対策を考えるために3つ（＝形態・計画性・自律性）の分析を活用する。どのような状態でT型業務®に時間が計画的に投入できていないのか、事実を把握するためには、この3つの視点が欠かせない。

❺ 測定する

　パフォーマンス営業®における測定とは、T型業務®達成率の測定で

ある。これは、週間業務計画表の説明でも述べたが、事前に計画したＴ型業務®が計画通りに達成できているかどうかを問うだけでよい。しかし、個人が主体的に倫理観を伴って管理するのであればここまででよいが、それを組織として管理するためには、更なる定量化測定が必要となってくる。ここでは、その測定方法を簡易的に解説する。

(1) K-SWOT®で設定したテーマを分解する

K-SWOT®で設定した各テーマに関して、優先順位に基づいてテーマを選定し、そのテーマに関する事実を分解する。そして、自身の理解を深めるために事実を図解する。そして顧客の前で説明し、顧客自身が理解から納得する例解を仮説で作成した上で、実際に提案書、もしくは説明書として完成させていく。これらは、どのようなレベルの成果物であれば完成していると言えるのだろうか。これは定義する必要がある。

上記の説明内において、選定されたテーマの成果物を完成させるまでに、
①事実の分解
②分解された事実の図解
③分解と図解を説明する際に使用する例解
というように、3つのプロセスに分解することができる。言い換えると、3つのプロセスを踏まないと、このテーマに関して期待される成果物には到達しない、という解釈をした、ということである。

このように考えると、さらに詳しく分解することができる。テーマを「顧客Ａ社、Ｘ商品における富裕層向け展開の実践（SO戦略）」と仮定した上で、

①**事実の分解**

　（ア）同業他社商品情報収集

　（イ）同業他社企業情報収集

　（ウ）業界情報収集

　（エ）同業他社B社（顧客A社）K-SWOT®分析

　（オ）同業他社C社（顧客A社）K-SWOT®分析

②**分解された事実の図解**

　（ア）同業他社商品の相関図一覧

　（イ）同業他社強み、弱み、一覧表

　（ウ）業界勢力図（マーケットシェア・ベース）

　（エ）業界勢力図（ファイナンシャル・ベース）

　（オ）業界別テーマ選定一覧表

③**分解と図解を説明する際に使用する例解**

　（ア）パターン①

　（イ）パターン②

　（ウ）パターン③

　（注意）この例解に関しては、「パターンは3つまで」と事前に決めるのではなく、代替例解も含めて多く引出しを持っていることが重要。

　このように見てみると、3つのプロセスに分解されたものを行動ベースで分解すると、少なくとも13個のプロセスに分解することができる。

（2）ポイントは2.5H

　ここまでは、13個のプロセスを踏むことによって、このテーマに関して期待される成果物には到達する、という解釈をした、ということである。次に、これらのプロセスに沿って考えていくわけだが、一気に13プロセスを1日で遂行することは、不可能であることは言うまでもない。よほどのベテランでない限り、終日投入しても終わらないだろう。

　また、日々、様々な業務に従事しているからこそ、「顧客A社、X商品における富裕層向け展開の実践（SO戦略）」というテーマ"だけ"に終日時間を投入することは無理であると同時に、T型業務®は集中する業務であるからこそ、丸山を含めた先人たちの言葉を借りると、それは不可能である。

　そこでポイントとなるのが、一つひとつのプロセスの投入時間を2.5H（／日）をマックスにしてプロセス分解することである。例えば、「事実の分解（ア）」の「同業他社商品情報収集」は、2.5H集中すれば期待通りの情報が収集できるかどうかを、事前に問う必要がある。

　「それは、やってみないとわからない」と言う方もいるだろう。しかし、徒労に終わることもあるからこそ、「同業他社商品情報収集」とは、どんな情報がどのレベルで収集できているべきなのかを事前に定義しておく必要がある。

　それでも再収集するために後戻りすることはあるだろう。しかし、その都度のレベルを定義しておくからこそ、「何が足りないのか」に気づくのである。行き当たりばったりでは、何も財産として残らない。

　したがって、

① 事実の分解
　（ア）同業他社商品情報収集
　　　・ステップⅠ
　　　・ステップⅡ
　　　・ステップⅢ
　（イ）同業他社企業情報収集
　　　・ステップⅠ
　　　・ステップⅡ
　（ウ）業界情報収集
　　　・ステップⅠ
　　　・ステップⅡ
　（エ）同業他社B社（顧客A社）K-SWOT®分析
　　　・ステップⅠ
　　　・ステップⅡ
　　　・ステップⅢ
　　　・ステップⅣ
　　　・ステップⅤ
　（オ）同業他社C社（顧客A社）K-SWOT®分析
　　　・ステップⅠ
　　　・ステップⅡ
　　　・ステップⅢ
　　　・ステップⅣ
　　　・ステップⅤ

② 分解された事実の図解
　（ア）同業他社商品の相関図一覧

- ステップⅠ
- ステップⅡ

(イ) 同業他社強み、弱み、一覧表
- ステップⅠ
- ステップⅡ

(ウ) 業界勢力図（マーケットシェア・ベース）
- ステップⅠ
- ステップⅡ

(エ) 業界勢力図（ファイナンシャル・ベース）
- ステップⅠ
- ステップⅡ

(オ) 業界別テーマ選定一覧表
- ステップⅠ
- ステップⅡ

③分解と図解を説明する際に使用する例解

(ア) パターン①
- ステップⅠ
- ステップⅡ
- ステップⅢ

(イ) パターン②
- ステップⅠ
- ステップⅡ
- ステップⅢ

(ウ) パターン③
- ステップⅠ

- ステップⅡ
- ステップⅢ

　このように見てみると、3つのプロセスに分解されたものを"行動ベース"で分解すると、少なくとも13個のプロセスに分解でき、さらに、36個のプロセスにまで詳細に分解することによって、行動レベルでの"イメージ"ができてくる。

(3) 余裕を持った行動レベルでのイメージを作る

　T型業務®は投入時間を決める業務であるが、その投入時間を計画通りに投入したからといって、必ず期待される成果が創出できるとは言えない。しかし、自分で投入時間を確保すると言い切ることで、計画

図表4-19　考える業務に計画的に時間を投入し、事前に期待した成果を創造する

No	量(活動)	二乗	質(計画)	成果	対象
1	0.0	0.0	8.0	0.0	対象外
2	1.0	1.0	7.0	7.0	対象外
3	1.5	2.3	6.5	14.6	対象外
4	2.0	4.0	6.0	24.0	対象外
5	2.5	6.3	5.5	34.4	対象外
6	3.0	9.0	5.0	45.0	対象外
7	3.5	12.3	4.5	55.1	対象外
8	4.0	16.0	4.0	64.0	対象外
9	4.5	20.3	3.5	70.9	営業
10	5.0	25.0	3.0	75.0	営業
11	5.5	30.3	2.5	75.6	営業
12	6.0	36.0	2.0	72.0	営業
13	6.5	42.3	1.5	63.4	処理業務
14	7.0	49.0	1.0	49.0	処理業務
15	7.5	56.3	0.5	28.1	処理業務
16	8.0	64.0	0.0	0.0	対象外

パフォーマンス営業®を成功させるには、

考える業務
に
必要投入時間
を
計画的に投入
し
事前に期待した成果
を創造していること。

的に時間を投入し、事前に期待した成果を創造すると宣誓していることに繋がる（図表4-19参照）。

　しかし、実際は計画通りに進まないことも現実的である。S型業務®なら業務作業が途中で途切れても、戻ってすぐに取り掛かることができるが、T型業務®は一度業務作業が途切れてしまうと、元の状況に戻すには、すぐに、というわけにはいかない。再度緊張感を高め、思考経緯を思い出していると、思っている以上に時間が経過するだけでなく、余計な知力と体力まで消耗してしまうものである。したがって、余裕を持った時間計画がT型業務®を上手に進めるポイントである。

　2.5Hで1つの業務を完成させるのであるならば、3.25H（＝2.5H×130％）で行動レベルの"イメージ"を作っておくと間違いは少ないだろう。例えば、

---

①事実の分解
　（ア）同業他社商品情報収集
　　　・ステップⅠ
　　　・ステップⅡ
　　　・ステップⅢ

　事実の分解においては、最初に情報収集があり、そこには3つのプロセスがある。すると、必要な投入時間は、7.5H（＝2.5H×3プロセス）と計画できる。このバッファに30％を加えると、9.75H（7.5H×130％）となる。

　これを実際に投入する2.5H（／日）で割ると、3.9日（＝9.75H÷2.5H）となる。つまり、実質4日必要であることが予想される。すると、正しいステップとしては、

> ①事実の分解
>   (ア) 同業他社商品情報収集
>   ・ステップⅠ
>   ・ステップⅡ
>   ・ステップⅢ
>   ・バッファⅣ

と考えることが実際的である。

　ここでは、2.5H（／日）として紹介したが、人によっては「2.5Hも一気に集中できない」と言う人もいるだろう。その場合は75分×2回＝150分（＝2.5H）と考えることも行動を徹底する上では１つの方法と言える。2.5Hは１日当たりのT型業務®であり、したがって、合計2.5H（／日）であることが望ましい投入時間であって、2.5Hを一気に集中することが無理な人にとっては、連続集中可能な時間にまで分解することも考慮しておきたい。また、このように分解した場合は、プロセスもさらに分解する必要があるので気をつけておきたい。

(4) なぜ、バッファが30％なのか

　昨日を振り返ってみてほしい。１日の労働時間を8Hとして、8H途切れることなく一心不乱に業務に集中していただろうか。

　人間である以上、休憩も必要であり、また、トイレにも行く。時にはコーヒーを飲んで息抜きもすれば、喫煙者に限っては、喫煙ルームまで足を運び、タバコを吸いにいくこともある。

　これらの行動は特に遊んでいるのではないが、業務に直結しているかといえばそうではない。これらの動きが8Hの中に細切れに存在し

ているのである。先にも書いたように、この時間を不可欠余裕時間と呼んでいる。第一線で活躍する知識労働従事者であるホワイトカラーの不可欠余裕時間は、約30％と仮定する（坂本〔2008〕）。

著者は、知識労働従事者にとっては休憩すること、及びまとまった休暇を取ることも仕事の1つであると考えている。人間である以上、緊張感を継続させることには必ず限界があるからこそ、不可欠余裕時間は、むしろT型業務®を抱えている以上、必要不可欠と考える時間である。

(5) 組織内で成果のレベルを管理する

「やってみないとわからない」と言う表現は理屈では理解できるが、知識労働従事者であれば、結果の仮説がないまま行動させることはできない。なぜなら「やってみないと将来はわからない」では、結果オーライになってしまうからである。不確実性が高いことがわかったまま不確実な行動をさせることで、確実な成果を期待することはできない。

そもそも、仮説（＝期待される成果イメージ）がないまま検証（＝やってみる）しても、そこには気づきもないから徒労に終わってしまうことがよくある。

組織である以上、成果のレベルイメージは定義しておきたい。特に、知識労働従事者の成果物には正しいレベルの成果物が存在しないからこそ、予め決めておかないと管理ができない。

同時に、それらの作業を個人に委ねてしまうと属人化してしまう。組織である以上、公平な監査が必要なので、社内の独立機関が管理することが望ましい。

(6) 情報系システムが必要になる理由

　情報系システムが自社の優良資産として運用されているかどうかは、それを活用している人材次第といっても過言ではない旨は先に記述した。しかし、T型業務®を持っていると、必然的に情報系システムが自身の効果性向上に大きく寄与することが理解できるはずである。

　テーマを「顧客A社、X商品における富裕層向け展開の実践（SO戦略）」において、
①事実の分解
②分解された事実の図解
③分解と図解を説明する際に使用する例解
と3つのステップに分解したが、T型業務®とは、往々にして「インプット⇒プロセス⇒アウトプット」（p.50、図表2-19）の流れで対応することが多く、このインプットに対しては、多大な時間を投入することなく良質なインプットを収集できることが望ましい。良質なインプットとは、上記の分解式においては「事実の分解」に相当する。

　さらに、顧客がパフォーマンス営業®パーソンに期待していることは、良質なインプットを提供してもらうということではなく、期待以上のアウトプットを提供してもらうということである。このことを営業パーソンが理解しているならば、ビジネス・インテリジェンス（business intelligence）やアナリティクス（analytics）などの情報系システムを活用することで、良質なインプットを考えるプロセスを経て競争優位を生み出し、最終的には顧客に対して期待以上のアウトプットの提供に繋げていく可能性があるということを感じたいものである。

第4章：S型業務®の効率化とT型業務®の時間管理

(7) 測定技術（W-ROI®）

W-ROI®とは、ホワイトカラー・リターン・オン・インベストメント（white collar return on investment）を意味しており、"実績"就業時間内のT型業務®に対する個人別の効果性（図表4-20参照）を、組織（＝個人の集合体）として比較するための測定技術である。

図表4-20　効果性の分解式

$$効果性 = \frac{T型業務®}{時間}$$

はじめに、個人別の週間業務計画表に従って曜日別で測定する（p77・78、図表4-10・4-11参照）。図表4-10の上図を見ると、T型業務®は、"計画"に沿って"実績"が進捗していなかったことがわかる。定量的には、週間成果指標の"実績（＝19648.80ポイント）"と"計画（＝16184.00ポイント）"に3464.80ポイントの乖離が発生し、＋21.21％のブレがある。

1. （ある程度のバラツキ傾向は考慮するとして）ここでは、＋21.21％をこの当事者の基準参考値（W-ROI®における、Quality Index レベル3に該当させる）とする。

図表4-21 "計画"に対するQuality Index表

	Aさん
＋レベル10	0％
＋レベル9	0.10％～3.15％
＋レベル8（目標参考値）	3.16％～6.11％
＋レベル7	6.12％～9.17％
＋レベル6	9.18％～12.23％
＋レベル5	12.24％～15.29％
＋レベル4	15.30％～18.35％
＋レベル3（基準参考値）	18.36％～21.41％
＋レベル2	21.42％～24.47％
＋レベル1	24.48％～27.53％
＋レベル0	上記対象外（乖離が楽観値の場合はここに該当する）

〔注意事項〕

◎労務管理のためには、"あるべき姿"に対するQuality Index表も別途要作成。

◎2σ（シグマ）（＝信頼度95.00％）を目指すなら、エラーは＋5.00％（ここでは、＋レベル8）を目標にしておきたい。

◎実際の運営上レベル10を達成することは、現実的ではない。つまり、あるべき姿（＝現状の姿に対する"モデル"）がレベル8であり、ありたい姿（＝実現していないがやりたいと考えている姿）がレベル10である、と理解することが望ましい。

◎測定対象として、乖離が悲観値（＋（プラス）のブレ）の場合のみを積極的に取り上げ、楽観値（△（マイナス）のブレ）は基本的には取り上げない。"実績"と"計画"（もしくは"あるべき姿"）の就業時間がすべて8Hであると仮定し、2.5H（／日）のT型業務®を中心に業務を遂行している

第4章：S型業務®の効率化とT型業務®の時間管理

として楽観値の乖離が発生する場合は、下記2点の状況が考えられる。
①長時間労働である（業務に振り回されている状態が予想されるので、労務管理を視野に入れる必要がある）
②T型業務®に従事していない（もしくは、できていない）
　いずれにしても、就業時間内におけるT型業務®を中心にした適切な業務の遂行が伴っていないから、楽観値の成果指標が算出されるのである。

◎楽観値の乖離が顕在してしまった理由
①当事者を肯定的に観た場合
　＊現在のT型業務®に対して、余裕が出てきていることが予想される。言い換えると、組織にとってのT型業務®が当事者にとってはS型業務®化してきていることによって、T型業務®への投入時間が短くなってきている。これは成長の証であると同時に、新たなT型業務®のテーマに取り組むように、SPR-C（エスパルク）（参照；第5章）が干渉する必要がある。
　＊また、計画時に緊張感が伴っていない、もしくは、挑戦する姿勢が伴っていないことが予想される。このようなことを回避するために、各人別のバリューウェイト（p.109、図表4-23参照）の設定（＝責任度合いの優先順位）が重要になってくる。
②当事者を否定的に観た場合
　＊理由はさておき、T型業務®以外の業務に優先順位を置いて（もしくは、置かざるをえない）行動してしまっていることが考えられる。
　＊万が一このような状況に陥っている場合は、W-ROI®測定対象から外す（成果指標はゼロとして測定）として、下記4点を検

証する必要がある。

- ・組織の、仕組みに問題があるのか。運用に問題があるのか。
- ・当事者の、知識が足りないのか。スキルが磨かれていないのか。コンピタンスとして応用できず活用しきれていないのか。
- ・当事者が非本来業務に振り回されているのか。
- ・当事者が非計画業務に振り回されているのか。

◎楽観値は測定できないのか。もしくは、測定しないのか。

①答えはNoである。悲観値が＋(プラス)に対して楽観値は△(マイナス)（図表4-22参照）であるだけであり測定は可能であり、SPR-C(エスパルク)は継続的に把握しておく。ただ、その数値を当事者と共有するかどうかは、各社における「営業組織生産性向上」の定義に依る。

②測定結果が楽観値である場合は、一般的に「競争劣位の状態」であるからこそ、成果指標による数字の管理は進めるものの、実際は数字には見えない原因が隠れていることを各当事者のビジネスプロセスから見出す必要がある。つまり、当事者の主体性だけに期待するのではなく、第三者機関（SPR-C(エスパルク)）と一緒にBPR（business process re-engineering）を推進する必要がある。

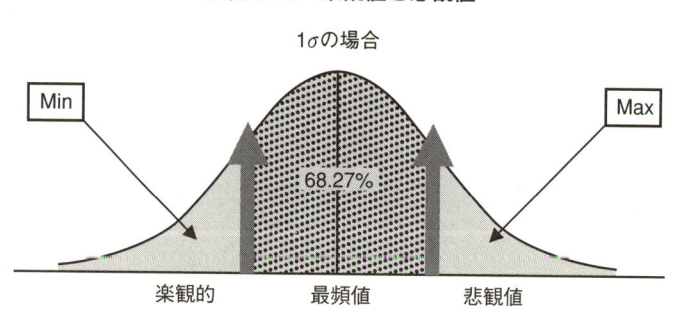

図表4-22　楽観値と悲観値

1σの場合

Min　　　　　　　　　　　　　Max

68.27%

楽観的　　　最頻値　　　悲観値

2. このように、各当事者の基準参考値、及び該当レベルを設定した後は、当事者別にバリューウェイト（合計＝100％）を目標売上高別（もしくは、目標利益額別、目標利益率別など、各社に応じてバリューウェイト配分基準項目は要定義）に分配する。
3. 該当レベルを実績スコア（該当レベルが3の場合、実績スコアも3とする）とし、実績スコアとバリューウェイトを掛けることによって、トータルバリューを求める。該当レベルが3の場合、バリューウェイトが100％なので、最初のトータルバリューは300（＝3×100）になる。
4. このトータルバリュー（＝300）をW-ROI®指数（＝100）の基準値として測定を開始する。

　上記は、ある1つの営業支社だけを解説している。営業組織を横展開しているならば、東京支社、神奈川支社、横浜支社、千葉支社との比較なども必要になる。W-ROI®の詳しい解説は、『ホワイトカラーの生産性を飛躍的に高めるマネジメント　HPT®実践マニュアル』（坂本〔2007〕p.118〜p.123）に譲る。

図表4-23　当事者別トータルバリューの算出

	実績スコア	バリューウェイト	トータルバリュー
Aさん	3	30％	90
Bさん	3	10％	30
Cさん	3	20％	60
Dさん	3	30％	90
Eさん	3	10％	30
合計		100％	300

コラム29　T型業務®そのものがKPI（先行指標）

　パフォーマンス営業®パーソンにとって、T型業務®は顧客の経営に直結した業務といっても過言ではない。だからこそ取り組む価値があり、そのような業務は社内財産としても将来のインプット材料になり、活用されるべき情報として蓄積する価値がある。したがって、T型業務®そのものがKPI（key performance indicator；先行指標）と見ても間違いないだろう（図表4-24参照）。

図表4-24　効果性向上技術と効率性向上技術

	効果性向上技術 Human Performance Technology®	効率性向上技術 Human Productivity Technology®
人間	暗黙知	形式知
実益追求	不確実	確実
測定指標	KPI	ROI
PL sheet；1	成果の向上	人員の低減
PL sheet；2	売上に強く影響	コストダウンに強く影響
生産性	効果性	効率性
科学的管理	不可	可
優先順位	2位	1位
経営者の興味	○	◎
営業利益効果	不確実	確実
システム	情報システム系	基幹業務系・事務系
主業務	非定型業務（T型）	定型業務（S型）
マネジメント対象	個人	組織

コラム30　T型業務®はROIとして測定できないのか

　答えはNoである。T型業務®へ計画的に時間を投入したとしても、成果として将来的に、かつ、計画的に必ず売上実績が向上する約束はできない。一方で、T型業務®へ全く時間を投入しなければ、成果として将来的に、か

つ、計画的に売上実績が向上する可能性は低くなるだろう。パフォーマンス営業®におけるT型業務®とは、PL sheet（損益計算書）上、売上向上に影響を及ぼす内容であり、投入コスト低減に影響を及ぼす内容ではない。よって、外部環境要因の影響を大きく受ける業務を対象に測定するからこそ、投入コスト低減として確実に企業へ財務的競争優位性をもたらすROI（return on investment；費用対効果）ではなく、最終結果指標（売上）に繋がる先行指標（KPI；key performance indicator）として測定するのである。

（注意；W-ROI®とは測定技術名称であり、費用対効果を測定できるものではない）

コラム31　理解、納得、共感、そして、行動

人が主体的に行動するための原理原則を解説しよう（図表4-25参照）。理解とは、言っている内容の趣旨や要点が、論理的に矛盾なくわかった、という状態。納得とは、理解した内容が臨場感をもって理解できた状態で、

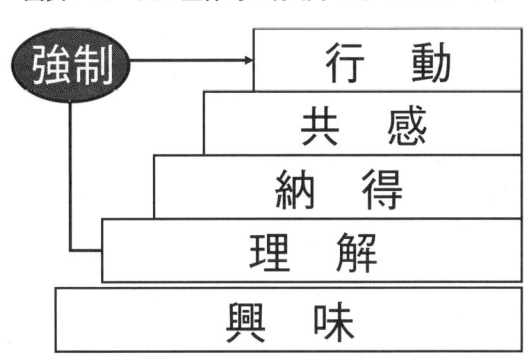

図表4-25　人が主体的に行動するまでのステップ

強制 → 行動
共感
納得
理解
興味

「例えばこういうこと〜」と言える状態であり、また、自然に頷ける状態。したがって、理解したからといって納得したとは限らない。さらに、納得しても賛同できないものは動きにならない。考えている方向性や意図が自分のものと一致・同方向であれば共感できる。だから、共感できれば、最終的には、内容に賛同ができ、言われなくても自分の課題として主体的に受け止め、行動することができるのである。

　補足までに、理解させた上で第三者がすぐに行動を促させることを強制と言う。

　しかし、このステップがここ数年で変化しているようにも感じられる場面がある。市場が成熟し、モノやサービスがあふれているこの時代においては、まず、興味を持つことから始めないと、なかなか理解を示さないということが感じられるのである。

　戦後の日本においては、食べること（＝生きること）だけに一生懸命であり、理屈抜きで前進せざるをえない環境であったことも事実である[8]。しかし、現代においては、経済が成長し、裕福になったと感じる。一方で生命力の低下、倫理感や人間力の低下に繋がっているようにも感じる。興味をそそらせる配慮をすることも、人生の先輩としての１つの業務なのだろう。

---

[8] 日本経済新聞　2008年５月３日（苦労と忍耐　学べぬ不幸）

第5章 知的生産性の高い仕事をめざす

① 営業組織の生産性を向上させる社内の独立機関：SPR-C（エスパルク）

　パフォーマンス営業®を推進していくためには、現場をリードする指南役、兼、ブレインの設置が必要になる。この社内独立機関（図表5-1参照）をSPR-C（エスパルク）（sales progressive reinforcement-committee）と言う。営業部隊（＝sales）を強化（＝reinforcement）させて前進（＝progressive）させていく機関（＝committee）である。このSPR-C（エスパルク）には、社内の経験豊かな管理職クラスの人材（SPR-C（エスパルク）リーダーを含む）を選抜して組織化されることが望ましい。
　以下、SPR-C（エスパルク）が取り組むべきテーマを紹介する。

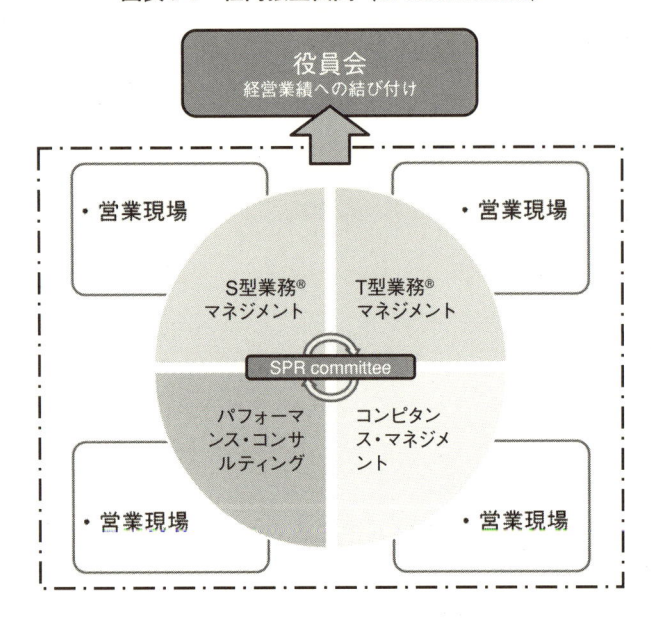

図表5-1　社内独立機関（SPRcommittee）

```
          ┌─────────────┐
          │   役員会    │
          │ 経営業績への │
          │  結び付け   │
          └──────△──────┘
                 │
  ┌──────────────┼──────────────┐
  │・営業現場    │    ・営業現場│
  │         ╱───┼───╲         │
  │        │S型業務®│T型業務®│  │
  │        │マネジメント│マネジメント│ │
  │        ├───SPR committee───┤│
  │        │パフォーマ│コンピタン│ │
  │        │ンス・コンサ│ス・マネジメ│ │
  │        │ルティング│ント     │ │
  │         ╲───┬───╱         │
  │・営業現場    │    ・営業現場│
  └──────────────┴──────────────┘
```

(1) 効果性を向上させるT型業務®マネジメント；
個人の効果レベル向上

パフォーマンス営業®は、T型業務®を徹底実践することである。同時に、T型業務®の成果の質を、日進月歩で成長を促す必要がある（図表5-2参照）。

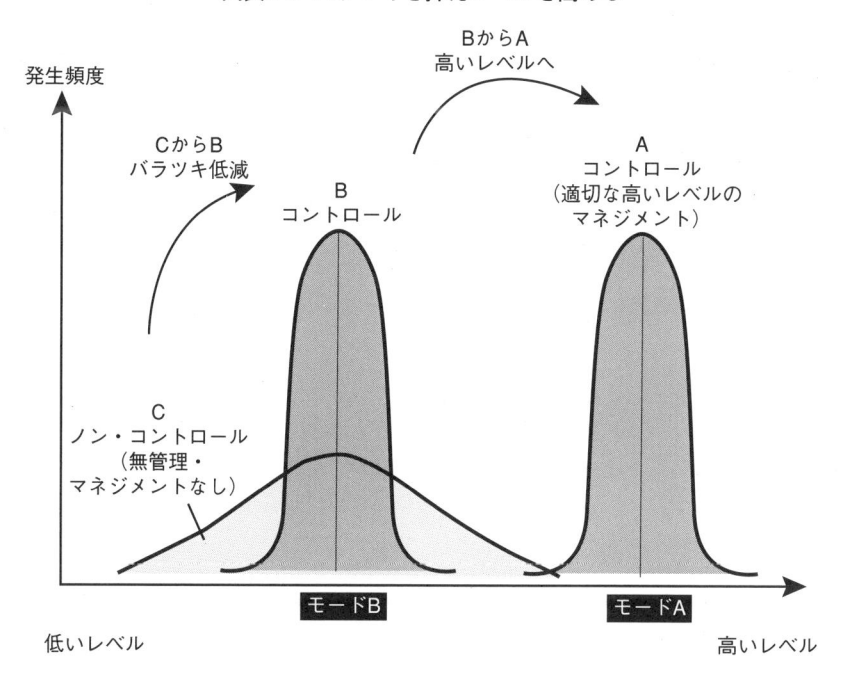

図表5-2　バラツキを抑えレベルを高める

発生頻度

CからB
バラツキ低減

BからA
高いレベルへ

B
コントロール

A
コントロール
（適切な高いレベルの
マネジメント）

C
ノン・コントロール
（無管理・
マネジメントなし）

モードB　　モードA

低いレベル　　　　　　　　　　　　　　　高いレベル

つまり、T型業務®の成果レベルを構築（図表5-3参照）し、管理し、そして、そのレベルを向上させるよう促すことが期待される。効果を向上させることとは、日々、T型業務®の成果の質を向上させていくこ

とであり、成果の質を向上させることは、エンドレス（endless）な業務とも言える。

図表5-3　T型業務®の成果レベル構築

	Level 1	Level 2	Level 3
テーマ	プロダクト・アウト発想	要バランス	期待
基準点	60	80	100
クライアント先提出提案書	自社の商品提供が記載されている。	どちらかと言えば、顧客ニーズに応えるよりも、自社の商品提供内容提案が強く述べられている。	顧客のニーズに沿って自社の提供商品がソリューションとなった提案書が作成されている。

	Level 4	Level 5
	オリジナル	マニュアル化
	120	140
	顧客のニーズに沿って自社の提供商品がソリューションとなった提案書であるだけでなく、更に付加価値を生み出すであろう提案〈オリジナル性;仮説〉を盛り込んで作成されている。	Level 4 の提案書がナレッジ・マネジメントされている。

　さらに、仮説・検証を繰り返しながら、新しいT型業務®を創出し続けることも期待されている。T型業務®は創らないとできない業務であり、SPR-C（エスパルク）のメイン業務とも言える。

（2）効率性を向上させるS型業務®マネジメント；組織のバラツキ削減

　現場において、日々、業務を回していくためにはS型業務®は欠かすことはできないが、一方でここに多大な時間を投入することはできるだけ避けさせてあげたい。標準化されるべき業務であるからこそ、改善4原則（E⇒C⇒R⇒S）に沿った上で、最終的にはIT化（＝S；簡

素化）することにより手離れの促進を考察する。

　幸いにも、S型業務®は、成果の質を向上させることを考慮する必要はない。成果のレベルは一定であり、むしろ効率性を追求することが求められる。したがって、誰が取りかかってもバラツキのない状態にしていくために知恵を絞り出す。

　この業務は営業パーソン一人ひとりが、できるだけT型業務®に集中できるようにSPR-C（エスパルク）が彼らの代理となって支援する業務である。

(3) コンピタンス・マネジメント；行動特性を平準化する

　会社として現場の人材に期待していることは、ナレッジ（knowledge）を吸収すること以上に、そして、スキル（skill）を磨くこと以上に、コンピタンス（competence）として現場で応用できることである（p.120、図表5-5参照）。つまり、コンピタンス・マネジメントとは、行動特性のマネジメントと言える。

　これらは、営業部タレント・ビジョンに沿ったバリュー（p.120、図表5-6参照）、及び、コンピタンス・ディクショナリー（competence dictionary）の構築（図表5-4参照）、運用、そして、サポートし、コンピタンス・レベルを平準化するように支援する業務である。

　そして、現場が挑戦することに自信（p.121、図表5-7参照）を持たせていく。

図表5-4　コンピタンス・ディクショナリー(competence dictionary)の構築

				本人 氏名 日付 ㊞	本人 本人 ㊞	一次評価者 一次評価者 ㊞
営業部タレント・ビジョン	バリュー		ウェート	満点	本人評価	一次評価
Passion	優れたクオリティの提供		20%	4 4 4 4 4	4 4 4 4 2	3 2 3 1 1
		合計		4	3.6	2
	お客様の成功の実現		20%	4 4 4 4 4	4 3 4 4 2	3 4 2 2 3
		合計		4	3.4	2.8
Professional	よりオープンな姿勢		10%	4 4 4 4 4	3 2 3 2 3	3 4 3 3 3
		合計		2	1.3	1.6
	明確な優先順位に基づく行動		5%	4 4 4 4 4	3 4 2 3 1	4 4 4 4 4
		合計		1	0.65	1
	起業家精神に基づく行動		30%	4 4 4 4 4	3 4 2 1 2	4 4 2 4 2
		合計		6	3.6	4.8
Performance	社内外での倫理的な行動		5%	4 4 4 4 4	3 3 3 4 3	3 4 3 4 3
		合計		1	0.8	0.85
	社会的責任の認識		10%	4 4 4 4 4	3 4 4 3 3	4 4 4 3 2
		合計		2	1.7	1.7
	ウェート合計(100%を超えないこと)		100%	20.00	15.05	14.75
	(注意；ウェートは各職種に応じて要定義)			満点比	75.3%	73.8%

第5章：知的生産性の高い仕事をめざす

二次評価者	
二次評価者	
㊞	
二次評価	普遍的資質；コンピタンス（下記は必要条件であって十分条件ではない。従って各項目5つ目のみ当事者が設定）
3	お客様のNeedsを都度箇条書きにしている。
2	会社のSeedsに関しては誰に聞かれても、細かくNeedsに沿うように回答できる。
2	Decision maker、もしくはDecision makerと繋がるヒトと対話している。
1	対策（代替案も含む）のある意見を提案し、その対策内容を社内でシェアしている。
1	5つ目のみ、上位4つの普遍的資質を参考に当事者が設定
1.8	
2	目的を明確にして訪問している。
3	お客様の情報を分解している。
2	お客様への提案時には図解している。
1	お客様との対話時には例解している。
2	5つ目のみ、上位4つの普遍的資質を参考に当事者が設定
2	
3	笑顔がある。
4	財産を関係者に惜しみなく提供している。
3	肯定的な表現で対話している。
2	関係者との共通項目を設定して対話している。
3	5つ目のみ、上位4つの普遍的資質を参考に当事者が設定
1.5	
3	予定ではなく計画で行動している。
3	お客様の定義が出来ている。
3	現場に足を運んでいる。
4	自身の仕事に関して、前工程と後工程を考慮して行動している。
3	5つ目のみ、上位4つの普遍的資質を参考に当事者が設定
0.8	
3	有言実行を徹底している。
3	仮説と検証を繰り返している。
3	現状を否定し、そこから新しいアイディアを出している。
2	定性表現と定量表現をセットで使っている。
1	5つ目のみ、上位4つの普遍的資質を参考に当事者が設定
3.6	
2	自らの行動を振り返っている。
3	定義された言葉を使っている。
2	凛（態度や姿がりりしく引き締まっている）としている。
3	点で語るのではなく、常に線（関係性）を考慮で語っている。
3	5つ目のみ、上位4つの普遍的資質を参考に当事者が設定
0.65	
2	逃げない。
2	お客様の将来像を語り、それに沿って提案し続けている（継続している）。
2	ステークホルダーを主語にして対話している。
3	基本的行動（挨拶・礼儀）が出来ている。
2	5つ目のみ、上位4つの普遍的資質を参考に当事者が設定
1.1	
11.45	
	二次評価を最終評価とする。
57.3%	

図表5-5　コンピタンス・マネジメント

	Knowledge	Skill	Competence
読み方	ナレッジ	スキル	コンピタンス
日本語	知識	技能	行動特性
習得方法	個人	触発の場（研修）	現場
流れ	修行	訓練	自信（喜び）
比較	潜在	潜在	顕在
レベル	身に付けている	身に染み込ませている	身に染み込んでいる

図表5-6　営業部タレント・ビジョンに沿ったバリュー

営業部タレント・ビジョン；3P 1.Passion 2.Professional 3.Performance		バリュー
Passion <u></u> オリジナリティへの関わり	定義； 自社製品に尊敬と誇りを感じ自信を持つだけでなく、自ら応用を利かせて顧客に対して新しいオリジナリティを提供する人材	●優れたクオリティの提供 ●お客様の成功の実現
Professional サービスへの自信	定義； ステークホルダーへの感謝の気持ちを忘れず、期待される行動様式（本分）を全うして、自立している人材	●よりオープンな姿勢 ●明確な優先順位に基づく行動 ●起業家精神に基づく行動
Performance 社会の一員としての大きな存在感	定義； 日本を越えて世界経済に大きな貢献をしている事実を認識した上で、規制に負けない提案力と革新力とやり切る人材	●社内外での倫理的な行動 ●社会的責任の認識

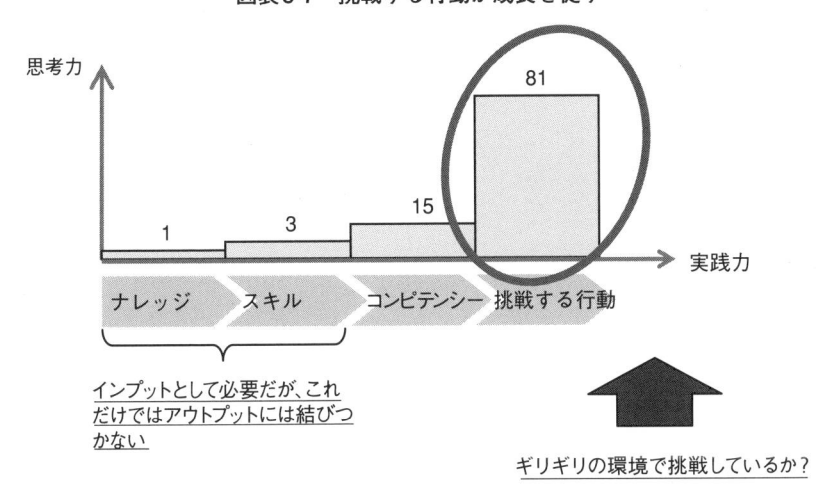

図表5-7 挑戦する行動が成長を促す

（縦軸：思考力、横軸：実践力）
ナレッジ：1　スキル：3　コンピテンシー：15　挑戦する行動：81

ナレッジ・スキル：インプットとして必要だが、これだけではアウトプットには結びつかない

挑戦する行動：ギリギリの環境で挑戦しているか？

（4）パフォーマンス・コンサルティング；インプットの枯渇を防ぐ

　現場の営業パーソンは日々、現場で孤軍奮闘している。しかし、孤軍奮闘し続けているだけでは、現在保有している知的財産は時間の経過とともに枯渇し、そこには成長が感じられない。

　よって、T型業務®に直結する可能性のある情報を現場が学習し、応用できるようにトレーニングを企画、実施する必要がある。パフォーマンス・コンサルティングとは、そのようなトレーニングの場を創り提供し、ナレッジとして記憶し、スキルとして身に染み込ませるレベルにまで向上させることを支援する業務である。サープ（〔2008〕p.146）は「創造性は"習慣"と"勤勉"の成果であり、そのためには"模倣"と"学習"が欠かせない」と指摘している。粛々と日々吸収する行動なくして、斬新なアイデア創造など期待してはいけない。

この吸収（インプット）とT型業務®（アウトプット）のバランスを作り出す運用手法が、パフォーマンス・コンサルティングである。
　例えば、小・中学生時代のクラブ活動を思い出していただきたい。勝負のかかった試合に勝つために、毎日練習を欠かさなかったはずである。これらの環境を現在の各々の状況に置き換えてみていただきたい。試合に臨んで勝負に勝てる（＝結果指標に到達する；アウトプット）自信が芽生えるまで練習（＝粛々と研鑽する＝インプット）を積み重ねているだろうか。十二分な練習をせずに試合に臨んでいないだろうか。
　パフォーマンス・コンサルティングを実施することによって、暗黙知と形式知のブレンディング（blending）と、そこから導かれる相乗効果を期待することが可能となる。
　お気づきのように、SPR-C（エスパルク）の強みは、会社内の人事部、もしくは人材開発部が主催・運営しているものではなく、現場の営業から選抜された人材が運営しているところにある。つまり、現場の営業パーソンにとってホットなインプットをオン・タイムで提供することはSPR-C（エスパルク）だからこそ可能であり、ここに企業としての競争優位性が期待できる。したがって、組織としての財務的競争優位性を導くために、間接部門の改善活動には、これまで以上に真摯な取り組みが必要であることにも気づかれただろう。

コラム32　組織をマネジメントする＝仕組み×運用×人

　組織をマネジメントする考え方として、「仕組み×運用×人」と分解する。マネジメントするためには、まず、絵（＝仕組み）が必要であり、その絵を一人ひとり（＝人）が理解しているからこそ、運用できるのである。また、完璧な絵は存在しないからこそ、一人ひとりが運用でカバーするこ

とも現実にはよくあることである。

コラム33 　学問

　「学問の『学』というのは、昔の解釈を今に比べ合わせ、『問』というのは、師や友に問い質す、ということは誰でも知っているであろう。しかし、学は必ずこれを自ら実行し、問は我が心に問い質す人は、果たして何人いるだろうか」（佐藤〔2008a〕p.283）。この「学問」の定義は『言志四録』から引用したものであるが、易しく表現し直すと「知識を他から学び、それを実践して、自分の考えで答えをだしてゆく人は何人いるだろうか」と言えるだろう。「どんなに勉強しても、自分の頭の中で考えないかぎり、生きた知恵とはならない」（守屋〔2004〕p.95）。つまり、「知識は入れるものであり、出すのが知恵」である。入れた知識をそのまま出してしまっているようでは斬新なアイデアは期待できない。言うまでもなく、先人に学ばない者はもってのほかであり、独善に陥ることだろう。

コラム34 　武士の嗜み

　吉田松陰は、「武士の嗜みとは、聖人や賢人など、立派な人の書を読んで身心を磨く、これ以外にはない」（川口〔2005〕p.56）と述べ、松陰は心を磨く方法として「古人の書を読む」ことを推薦している。ただ難しい書を読むことだけではない。過去に歴史があるからこそ、その事実をどのように感じ取れるかが重要であろう。頭で理解するのではなく、心で受け止める。すると、心が磨かれるのかもしれない。社会に寄与するためにも、心と頭はバランスよく成長させておきたいものである。

② パフォーマンス営業®がめざす姿

「生産性の高い仕事をしよう」と言われたときに、どのようなイメージができるだろうか。これは、「効果の高い仕事をしよう」ということである。一方で「生産性を高めた仕事をしよう」と言われたときのイメージとは、「仕事を効率よく進めよう」ということである。

同じ生産性であっても、使い方によって定義が異なるが、どこまで言葉を定義して社内に浸透させているだろうか。

パフォーマンス営業®では、前者を追求することに主眼を置いている。この活動は、効果を追求した生産性向上であり、これからの日本企業には大きく期待されていることである。これを詳細に言い換えると、「知的生産性の高い仕事をしよう」とも言える。

すると必然的に、知恵を絞る（＝考える）業務が増えてくるはずである。同時に、オリジナルな知恵が入り乱れるからこそ、会社として計り知れない成長が期待できるものである。特に、危機に瀕するほど知恵は重宝されるものである。

コラム35　知的生産性の高い人は食事に気を配る？

プロテニスプレーヤーのクルム伊達公子によれば、「現役の時から体に良いもの必要なものを食べるようにしてきましたが、今の若い選手の食事をみていると便利で簡単なもので済ませたりしているのが気になります。試合の前後に必要なものは何なのか？食事がどれだけパフォーマンスに影響するのか自己管理力を養う必要があることを感じます」（東京有明国際女子オープンホームページより抜すい）。この言葉を聞いてマズローの5段

階の欲求（図表5-8参照）を思い出した。実は、5段階の欲求の最下段には生理的欲求が位置付けられ、これは食欲や睡眠欲を意味している。

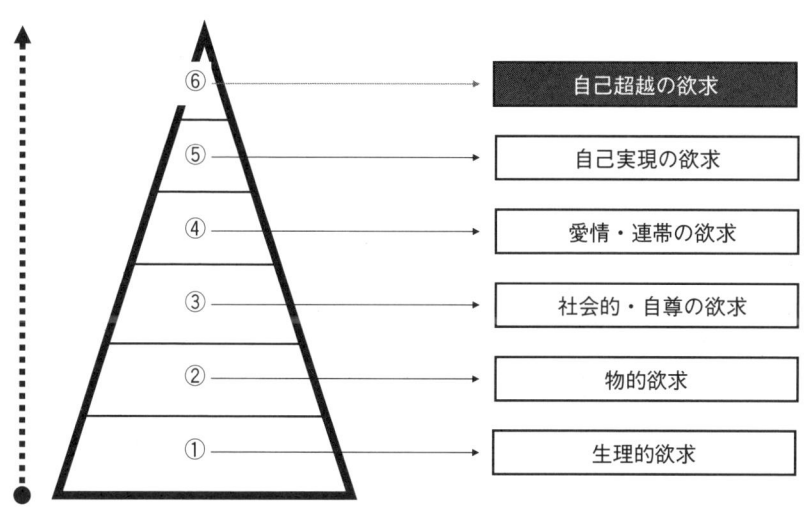

図表5-8　マズローの5段階の欲求

⑥ 自己超越の欲求
⑤ 自己実現の欲求
④ 愛情・連帯の欲求
③ 社会的・自尊の欲求
② 物的欲求
① 生理的欲求

解説：マズローは晩年に、「自己実現の欲求」の高次に「自己超越の欲求」があるとした。これが後のトランスパーソナル心理学の基礎となる。

人間として生き続けるためには食べることは基本であり、単に食べるだけでなく体にとってやさしい食べ物を意識して採るようにしているのが、クルム伊達のコメントに見え隠れしている。

山口鉄也（読売巨人軍）〔2009〕[9]によると「40歳を過ぎても（横浜ベイスターズ；工藤公康）一線で投げ続けるベテランのプロ意識の高さは相当のもので、技術面から食事などの生活面まですべてが『生きた教科書』だった」と振り返っている。知識労働従事者はアスリートではないが、食事は何事においても基本中の基本かもしれない。

---

9 日本経済新聞　2009年3月18日（駆ける魂）

また、江田証（〔2009〕p.80）は「優秀な頭脳も、シャープな体があってこそうまく回転する。胃と脳は神経で密接に関連しているため、胃もたれなどの症状は知的生産の効率を落とす」と指摘する。つまり、集中力を発揮させるためには食事内容、及び、食事のタイミングにも配慮する必要があるのだろう。

　このような考えを元に「食事」という漢字を凝視しながら3回書いてみた。すると、「人＋良＋事」の3文字で構成されていることに気づいた。これを口語表現に直すと「人を良くする事＝食事」と表現できる。現代社会に蔓延している精神疾患の解決方法が、食事の摂取内容と摂取リズム（＝生活リズムの改善）にありそうだ、と仮説を持つことは、1つの解決策として活用できるのではないだろうか。

コラム36　暗黙知×形式知＝持続的競争優位性

　一言で「暗黙知」と言っても、英語では「Tacit Knowing」（マイケル・ポラニー）と表現されているものもあれば、「Deep Smart」（ドロシー・レナード）と表現されているものもある。ここでは「Deep Smart」（以下、ディープ・スマートと言う）を取り上げてみたい。

　ディープ・スマートには、暗黙知だけではなく「経験知」という意図も含まれている。つまり、ある優秀な人材の豊富で貴重な経験に基づいた専門知識である。ただ、知識は情報として集まったものではなく「実践すること」によって磨き上げられた高邁な知識と言い換えた方が適切かもしれない。

　このディープ・スマートは、特定の個人の身に染み込んでいるものであり、これをそのまま別の人間の頭脳に移植することができれば、組織としての持続的競争優位性は計り知れないだろう。

ただ、100％全く同様にコピーすることができなくても、ある程度は「継承」することは可能かもしれない。つまり、ディープ・スマートを人間の手によって形式知に転換するだけでなく、システムの力を借りてスピーディーに転換することができれば、組織としての持続的競争優位性を生み出すことは可能になるかもしれない。

　形式知とは暗黙知が存在するからこそ生まれるものであり、したがって、システムなどのツールの必要性は、人間が「考える」という行動から導かれる暗黙知の存在なくして顕在する必要はない、ということである。

　本書内においても、何度もT型業務®の重要性を取り上げてきた。これは「考える業務（＝T型業務®）」なくして、「管理する業務は存在しない」ということであり、逆説的に表現するならば、「業務とは、管理することは目的ではなく、考える業務の質を高めるための投入資源を導き出すために、維持・管理型業務を粛々と進める」だけである。必然的に、管理効率を高めるであろうシステムとの融合性は避けて通れないはずである。

　これからの企業における持続的競争優位性とは、

●暗黙知×形式知

であり続けるだろう。人間としての強みは「考える」という行動であり、これは暗黙知に該当する。この行動を疎かにして、形式知だけに頼ってしまっているようでは、成熟社会では決して生き残れない。

　同時に、平和で裕福な現代の日本社会において、「考える＝知恵を絞り出す」という行動そのものを必要としなくても生きていくことができる環境であることも否めない。

　「『今の豊かな時代は何でもあり過ぎて、世の中がおかしくなってきている。若者は全然、信念がない。一本、筋の通ったものが無くなってしまっ

た』。若い時の苦労は買ってでもしろ、と言うことわざがあるが、納谷さんの時代は『苦労は買わなくてもちゃんと天が与えてくれた』。そういう意味では、今は不幸な時代なのかもしれない」。[10]

---

[10] 日本経済新聞　2008年5月8日（相撲の現代、納谷幸喜さんに聞く──苦労と忍耐、学べぬ不幸、横綱は淡々とせねば。）

おわりに

　エンプロイアビィリィティ（employability）という言葉が一時期流行したが、この言葉について言及してみたい。

　エンプロイアビィリィティは、「employ + ability = employability」で構成されており、一般的な定義としては、「雇用されるための能力」とされている。広く「労働市場の中で通用する能力」とも言い換えることができるだろう。

　著者は後者の定義を推薦したい。なぜならば、我々の雇用を守ってくれるのは所属している会社ではなく、その先にある市場（＝マーケット）だからである。この定義が理解できるならば、「雇用されるための能力」の対象となるのが、「会社という組織」ではなく、その先にある「社会」と定義できるだろう。だから、パフォーマンス（＝社会に寄与する働き；performance）を向上させることが必要なのである。

　社会が自身の雇用を守ってくれている、と理解できるならば、PESTのような言葉を知らなくても、そのようなモノの観方・考え方が習慣化されるはずである。

　企業のトップが決して行ってはいけないことは、2つ。1つは会社を赤字にすること。もう1つは、社員を路頭に迷わすこと。したがって、企業のトップは「雇用を創造し続けること」が期待されており、これは自社が「社会に貢献し続けること」と言い換えることができる。つまり、社会に対して緊張感を持っている社員を一人でも多く社内に抱えているからこそ、企業が倒れそうになったときに社員が一丸と

なって一致団結できるものと著者は考えている。

　肩書で仕事ができる時代は全く過去のものである。市場が成熟してしまった日本においてポスト資本主義を模索するならば、これからは「本物（＝オリジナリティ）」だけが生き残れる厳しい時代の中で生き続けなければならないという事実を忘れてはいけない。すでにサスティナビリィティ（sustainability）から、サバイバビリィティ（survivability）が問われる時代[11]へ突入しているのである。

　先人たちの教えは素直に貪欲に吸収し続け、そして考え（＝悩み）、オリジナルな知恵を発信し続けることが、市場にワクワク感を醸成させ、明るい社会が創造できるものと期待し、これからも、これまで以上に、職人コンサルタントとして日々粛々と刀（＝腕）を磨き続けたい。

---

11 日本経済新聞　2009年1月1日（危機がひらく未来へ　第1部サバイバビリティ）

◆付録；パフォーマンス営業®を実践する
　　　　ためのビジネスワードアンケート

　これからパフォーマンス営業®を実践しようと考えている方には、その入口として、ビジネスワードアンケートを実施し、現在の自分のナレッジレベルを確認してみていただきたい。

　T型業務®とは考える業務であり、そのためには入れておく（＝学習しておく）べきナレッジが存在する。このアンケートは6分野（CSR、会計・財務、経営工学、戦略、人・組織、マーケティング）で構成されている。現在の自分の力試しに、ぜひ、挑戦してみていただきたい。

用語認知度；全74設問（2009年版）

下記の用語に関して、当てはまる所に一つ『○』を付けなさい。

No	用語	知らない	知っている	定義を理解しており、ヒトに説明できる	(言葉や考え方を)実践で使用できる(している)
1	パフォーマンス				
2	マズローの欲求五段階				
3	管理会計				
4	PER				
5	戦略				
6	マーケティング				
7	顧客				
8	消費者				
9	IE				
10	ROA				
11	ROE				
12	D/E ratio				
13	EPS				
14	TQC				
15	品質コスト				
16	損益分岐点				
17	標準時間				
18	生産性				
19	CSR				
20	CFM				
21	KAIZEN				
22	マトリックス組織				
23	X理論・Y理論				
24	効率性				
25	職務拡大・充実				
26	CS				
27	SRI				
28	MM 理論				
29	NPV				
30	マイルストーン				
31	IRR				
32	リスクプレミアム				

付録：ビジネスワードアンケート

No	用語	知らない	知っている	定義を理解しており、ヒトに説明できる	（言葉や考え方を）実践で使用できる(している)
33	金利				
34	コーチング				
35	DCF				
36	リアルオプション				
37	4P				
38	Mission				
39	FCF				
40	資本コスト				
41	WACC				
42	EVA				
43	直接金融・間接金融				
44	EBITDA				
45	メンタリング				
46	株主				
47	債権者				
48	IR				
49	AIDMA				
50	Corporate Governance				
51	ZD（ゼロディフェクト）				
52	ベネフィット				
53	Going Concern				
54	リスクフリーレート				
55	財務会計				
56	SWOT				
57	SCA				
58	Vision				
59	Stakeholder				
60	PEST				
61	SPC				
62	収益性				
63	CAPM				
64	6σ（シックスシグマ）				

No	用語	知らない	知っている	定義を理解しており、ヒトに説明できる	(言葉や考え方を)実践で使用できる(している)
65	Customer Equity				
66	ベンチマーキング				
67	ROCE				
68	プロフィット				
69	マネジメント				
70	NOPAT				
71	NOPLAT				
72	ROIC				
73	HPT				
74	AISAS				

©All rights reserved, KPCI 2009

「6分野別」のビジネスワードアンケートを入手されたい方は、http://www.kpci.jp よりお問い合わせください。

参考文献

1. アクセンチュア テクノロジーコンサルティング〔2008〕『強いIT戦略』東洋経済新報社
2. Cruikshank Jeffrey L.〔2006〕*THE APPLE WAY*, The McGraw-Hill Companies, Inc.,（クルークシャンク・ジェフリー・L／徳川家広訳〔2008〕『ジョブズはなぜ天才集団を作れたか』講談社）
3. Drucker, P. F.〔1967〕*The Effective Executive*, NY：Harper & Row, Publishers（ドラッカー, P. F.／上田惇生訳〔2006〕『経営者の条件』ダイヤモンド社）
4. 江田証〔2009〕「胃が弱まると頭脳も働かず」『日経ビジネス』：2009.3.23 p.80 日経BP社
5. フリードマン、トーマス〔2006〕「どうすれば中間層にとどまれるのか フラット化する世界を生き抜く方法」『週刊東洋経済』：2006.12.9 p.50 東洋経済新報社
6. 藤田彰久〔平成16〕『新版IEの基礎』建帛社
7. 藤本寛〔2008〕「ワールドクラスのCRM、その原動力」『PROFIT JAPAN Vol. 1』：Sep 2008 p.10 日本オラクル株式会社
8. 本田直之「常識点検NIKKEI PLUS 1」『日本経済新聞』：2008年12月13日, 日本経済新聞社
9. 金谷治〔2008〕『大学・中庸』（金谷治訳注〔2008〕岩波書店）
10. Kaplan Robert S. Norton David P.〔2008〕*The Execution Premium*, Harvard Business Press
11. 川口雅昭〔2005〕『吉田松陰名語録』致知出版社
12. 菊澤研宗〔2008〕『戦略学 立体的戦略の原理』ダイヤモンド社
13. 紺野登〔2008〕『知識デザイン企業』日本経済新聞社
14. Machiavelli Niccolo〔2008〕*The Prince*（マキアヴェッリ・ニッコロ／野田恭子訳〔2008〕『君主論』イースト・プレス）
15. 丸山健二〔2008〕「群れないで生きる」『日本経済新聞』：2008年7月3日, 日本経済新聞社
16. Mintzberg Henry, Ahlstrand Bruce, Lampel Joseph〔1998〕*strategy safari*, Prentice Hall Europc
17. 宮川雅明〔2008〕『事業計画立案のための実践プロセス K-SWOT®』産業能率大学出版部
18. 孟子〔1968〕『孟子㊤』（小林勝人訳注〔2008〕岩波文庫）
19. 孟子〔1972〕『孟子㊦』（小林勝人訳注〔2008〕岩波文庫）
20. 茂木健一郎〔2008〕「仕事で忙しい人が効率よく勉強するコツはありますか」『週刊東洋経済』：2009.1.17 p.35 東洋経済新報社
21. 守屋洋〔2004〕『中国古典一日一話』三笠書房
22. 西岡幸一〔2008〕「不安と視界不良の下期入り—攻めの経営を緩めるな」『日本経済新聞』：2008年9月29日, 日本経済新聞社

23. 日本経済新聞社「グーグル次の10年へ⊕」『日本経済新聞』: 2008年9月5日, 日本経済新聞社
24. 奥井俊史〔2008〕『ハーレーダビットソンジャパン 実践営業革新』ファーストプレス
25. Porter Michael E.〔1983〕*CASES IN COMPETITIVE STRATEGY*, The Free Press
26. Porter Michael E.〔1998〕*COMPETITIVE ADVANTAGE(CREATING AND SUSTAINING SUPERIOR PERFORMANCE with a new introduction)*, The Free Press
27. Porter Michael E.〔1998〕*ON COMPETITION*, A Harvard Business Review Book
28. 齋藤孝〔2008〕「仕事力を高める7つの法則」『週刊東洋経済』: 2009.1.17 p.50〜53, 東洋経済新報社
29. 坂本重泰〔2002〕『社格の研究：企業経営の成熟度を探る』東洋経済新報社
30. 坂本裕司〔2007〕『ホワイトカラーの生産性を飛躍的に高めるマネジメント HPT®の実践マニュアル』産業能率大学出版部
31. 坂本裕司〔2008〕『戦略的営業利益マネジメント コストをかけずにホワイトカラーの生産性を向上させる』産業能率大学出版部
32. 佐藤一斉〔2001〕『誰でもわかる重職心得箇条』平凡社
33. 佐藤一斉〔2008a〕『言志四録』(久須本文雄全訳注〔2008〕講談社)
34. 佐藤優〔2008b〕「知の技法 出生の作法 記録ツールとしてのB5判ノート活用法」『週刊東洋経済』: 2008.10.18 p.134〜135 東洋経済新報社
35. 千住鎮雄、伏見多美雄〔2008〕『新版 経済性工学の基礎』日本能率協会マネジメントセンター
36. 清水考〔2008〕「企業の成長戦略を支える企業パフォーマンス管理」『PROFIT JAPAN Vol. 1』: Sep 2008 p.34 日本オラクル株式会社
37. シン・ジェシー〔2008〕「Nipponビジネス戦記 プロセスと成果重点置き方再考を」『日本経済新聞』: 2008年12月16日, 日本経済新聞社
38. 竹内照夫〔2005〕『四書五経入門』平凡社
39. Thaler Richard H.〔1992〕*The Winner's Curse Paradoxes and Anomalies of Economic Life*, The Free Press(セイラー・リチャード／篠原勝訳〔2007〕『セイラー教授の行動経済学入門』ダイヤモンド社)
40. Tharp Twyla〔2008〕「創造は心身の没頭から生まれる」『DAIAMONDハーバードビジネスレビュー』: April 2009 p.146 ダイヤモンド社
41. 上田惇生〔2009〕「時間は最も希少な資源 時間をマネジメントできなければなにもマネジメントできない」『週刊ダイヤモンド』: 2009年2月7日特大号 p.79 ダイヤモンド社
42. 渡邉美樹〔2009〕「人気企業は時代につれて変わる 変わらぬ信念で仕事を選んでほしい」『週刊ダイヤモンド』: 2009年3月14日 p.139 ダイヤモンド社
43. 山口鉄也〔2009〕「駆ける魂」『日本経済新聞』: 2009年3月18日, 日本経済新聞社
44. 安岡正篤〔2005〕『人生の五計』PHP文庫
45. 吉田松陰〔2008〕『講孟劄記㊤』(近藤啓吾全訳注〔2008〕講談社学術文庫)
46. 吉田松陰〔2008〕『講孟劄記㊦』(近藤啓吾全訳注〔2008〕講談社学術文庫)

参考サイト

1. BPR-I（Brain Progressive Reinforcement-Index）；機会利益測定技術：http://www.kpci.jp/2008/09/bpribrain_progressive_reinforc.html
2. Per HPT Development；営業組織の生産性を向上するパフォーマンス営業の実践：http://www.kpci.jp/2008/09/post_58.html
3. バング＆オルフセン：http://beostores.bang-olufsen.com/japan/welcome?lang=jp
4. ISPI（ホワイトカラー生産性向上研究団体；米国本部）日本支部：http://www.ispi-japan.com
5. レコーディング・ダイエットのススメ：http://putikuri.way-nifty.com/
6. ロイター〔2007〕；4人に1人が勤務中にゲーム、会議中にするつわものも＝米調査（YAHOO!®JAPANニュース）：http://headlines.yahoo.co.jp/hl
7. 東京有明国際女子オープン：http://www.ariakeladies.org/interview/date.html
8. W-ROI（White collar Return on Investment）®；T型業務®測定技術：http://www.kpci.jp/2008/09/wroiwhite_collar_return_on_inv.html

登録商標

1. EVA®は、スターン・スチュアートの登録商標です。
2. Human Performance Technology®は、カタナ・パフォーマンス・コンサルティング株式会社の日本における登録商標です。
3. Human Productivity Technology®は、カタナ・パフォーマンス・コンサルティング株式会社の日本における登録商標です。
4. K-SWOT®は、カタナ・パフォーマンス・コンサルティング株式会社の日本における登録商標です。
5. パフォーマンス営業®は、カタナ・パフォーマンス・コンサルティング株式会社の日本における登録商標です。
6. Performance Next Door®は、カタナ・パフォーマンス・コンサルティング株式会社の日本における登録商標です。
7. Standard Time型業務（S型業務）®は、カタナ・パフォーマンス・コンサルティング株式会社の日本における登録商標です。
8. Target Time型業務（T型業務）®は、カタナ・パフォーマンス・コンサルティング株式会社の日本における登録商標です。
9. W-ROI®は、カタナ・パフォーマンス・コンサルティング株式会社の日本における登録商標です。

索　引

【アルファベット】

5forces　29
5W1H　66
BPR(business process re-engineering)　108
BPR-l(brain progressive reinforcement-index)　68
consumer　23
CRM（customer relationship management）　58
customer　23
Human Productivity Technology®　68
IE(industrial engineering)　67
Integrated External-Environment Factor分析　32
Integrated Internal-Environment Factor分析　37
KPI(key performance indicator)　110
K-SWOT®　26
performance　3
PESTEL　29
PEST分析　27
ROI(return on investment)　111
S型業務　14、18
SO戦略　40
SPR-C(sales progressive reinforcement -committee)　114
ST戦略　40
T型業務®　10、18
Value-chain based Competitive Profile分析　35
VRIO　36
WO戦略　40
W-ROI®　205
WT戦略　40
σ（シグマ）　106

【あ行】

アウトプット　50
アナリティクス　58
ありたい姿　106
あるべき姿　106
暗黙知　126
育成業務　45
維持業務　45
インプット　50
営業　i
営業タレント・ビジョン　59
営業部ビジョン　59
エンプロイアビィリィティ　129
オリジナリティ　130

【か行】

改善4原則　66
革新業務　45
カスタマー・インティマシー　8
カスタマー・エクイティ　8
カスタマー・サティスファクション　8
カスタマー・ディライト　8
考える習慣　23
企業力　i
基準参考値　105
基礎時間　93、94
機能的ベネフィット　5
基本機能業務　24
教育　88
空間的業務時間　75
計画時間　92
計画性で観る時間　92
経国済民　11

形式知　127
形態で観る時間　91
ケイパビィリィティ　37
結果指標　20
ゴーイング・コンサーン　26
コーポレート・ビジョン　61、86
コミュニケーション　86
コメント　89
コンピタンス・ディクショナリー　117、118
コンピタンス・マネジメント　117

【さ行】

サスティナビリィティ　130
サバイバビリィティ　130
時間的業務時間　76
資源ベース理論　37
持続的競争優位性　37
実績スコア　109
週間業務計画表　69、70
週間成果指標　78
食事　124、126
自律時間　93
自律性で観る時間　93
人材戦略　62
心理的ベネフィット　5
成果主義　54
先行指標　20
戦術力　i
戦闘力　i
戦略力　i

【た行】

対応時間　92

対人時間　91
対物時間　91
他律時間　93
タレント・ビジョン　61、87
知恵　123
知識　123
知的生産性　12
テーマ・ポジショニング・マップ　42
トータルバリュー　109
独自時間　91

【は行】

パフォーマンス　2
パフォーマンス・コンサルティング　121
パフォーマンス営業®　3
バリューウェイト　109
悲観値　79
ビジネス・インテリジェンス　58
フィードバック　88
不可欠余裕時間　76
プロセス　50
補助機能業務　24

【ま行】

マズローの5段階の欲求　125
「無駄」の定義　15

【や・ら行】

曜日別成果指標　78
ランチェスターの法則　47
労務管理　82

著者紹介

坂本　裕司（さかもと　ゆうじ）

1973年奈良市生まれ。甲南大学経済学部経済学科卒業後、鐘紡株式会社（現；クラシエHD株式会社）入社（1996）。英国ノッティンガム大学経営大学院へ自費留学、修士課程修了：MBA（2001）。帰国後、独立系コンサルティング会社コンサルタントを経て、2003年に独立、現在に至る。

現在、カタナ・パフォーマンス・コンサルティング株式会社（KPCI）取締役。専門は、W HPT（Human Performance & Productivity Technology）®。「生産性＝効果性×効率性」と定義し、知識労働従事者であるホワイトカラーを対象にした"効果性"向上マネジメント技術；Per HPT（Human Performance Technology）®、及び、"効率性"向上マネジメント技術；Pro HPT（Human Productivity Technology）®を開発し、ホワイトカラーの生産性向上に関するマネジメント・コンサルティング活動、並びに、マネジメント担当者の育成活動を、国内、欧米、アジアを中心に展開。

ISPI（International Society for Performance Improvement,：米国本部：ホワイトカラー生産性向上研究団体：1962設立）の日本支部プレジデントも務める。

ご質問やお問い合わせは、info@kpci.jpまで。
カタナ・パフォーマンス・コンサルティング株式会社；http://www.kpci.jp
ISPI日本支部；http://www.ispi-japan.com

主要著書・訳書・寄稿

『メンタリングの奇跡』〔2003〕PHP研究所。『ホワイトカラーの生産性を飛躍的に高めるマネジメント；HPT®の実践マニュアル』〔2007〕、『戦略的営業利益マネジメント』〔2008〕以上、産業能率大学出版部。『週刊東洋経済（東洋経済新報社）』、『人材教育（JMAM）』、『人事マネジメント（ビジネスパブリッシング）』、『ビズテリア経営企画（ビズテリア）』、『病院経営（産労総合研究所）』など。

考える営業
―パフォーマンス営業®がホワイトカラーの知的生産性を向上させる（Human Performance Technology®の実際）―
〈検印廃止〉

著　者	坂本　裕司	©Yuji Sakamoto, Printed in Japan 2009.
発行者	萩原　敏郎	
発行所	産業能率大学出版部	
	東京都世田谷区等々力6-39-15　〒158-8630	
	（電話）03（6266）2400	
	（FAX）03（3211）1400	
	（振替口座）00100-2-112912	

2009年6月11日　初版1刷発行

印刷所/渡辺印刷　製本所/協栄製本

（落丁・乱丁本はお取り替えいたします）　　ISBN978-4-382-05608-4
無断転載禁止

ホワイトカラーの生産性向上および戦略的

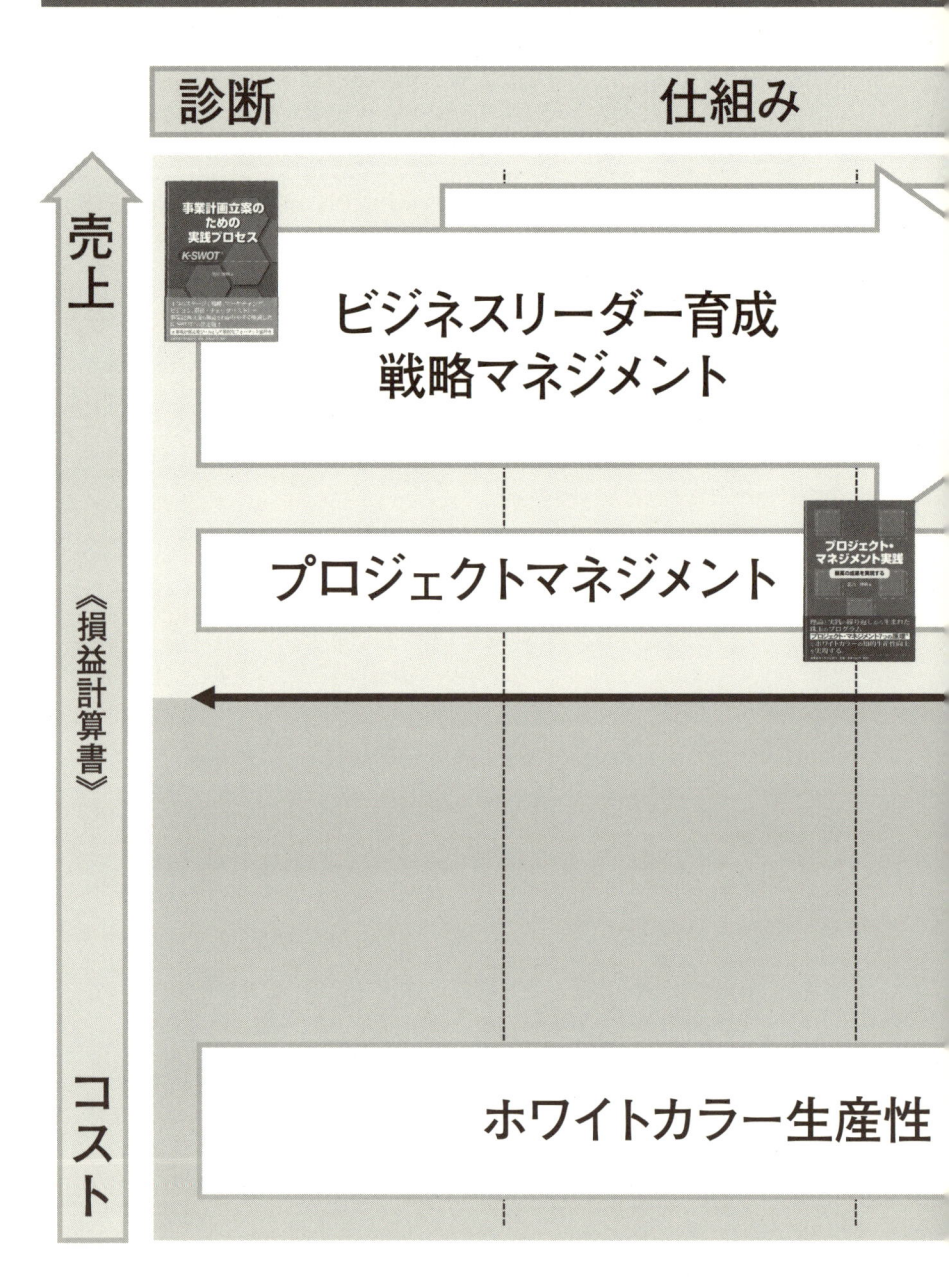

| 診断 | 仕組み |

売上

《損益計算書》

コスト

事業計画立案のための実践プロセス
K-SWOT

ビジネスリーダー育成
戦略マネジメント

プロジェクト・マネジメント実践

プロジェクトマネジメント

ホワイトカラー生産性

マネジメントと関連書籍の体系図

各書籍の詳細は次ページを参照ください。

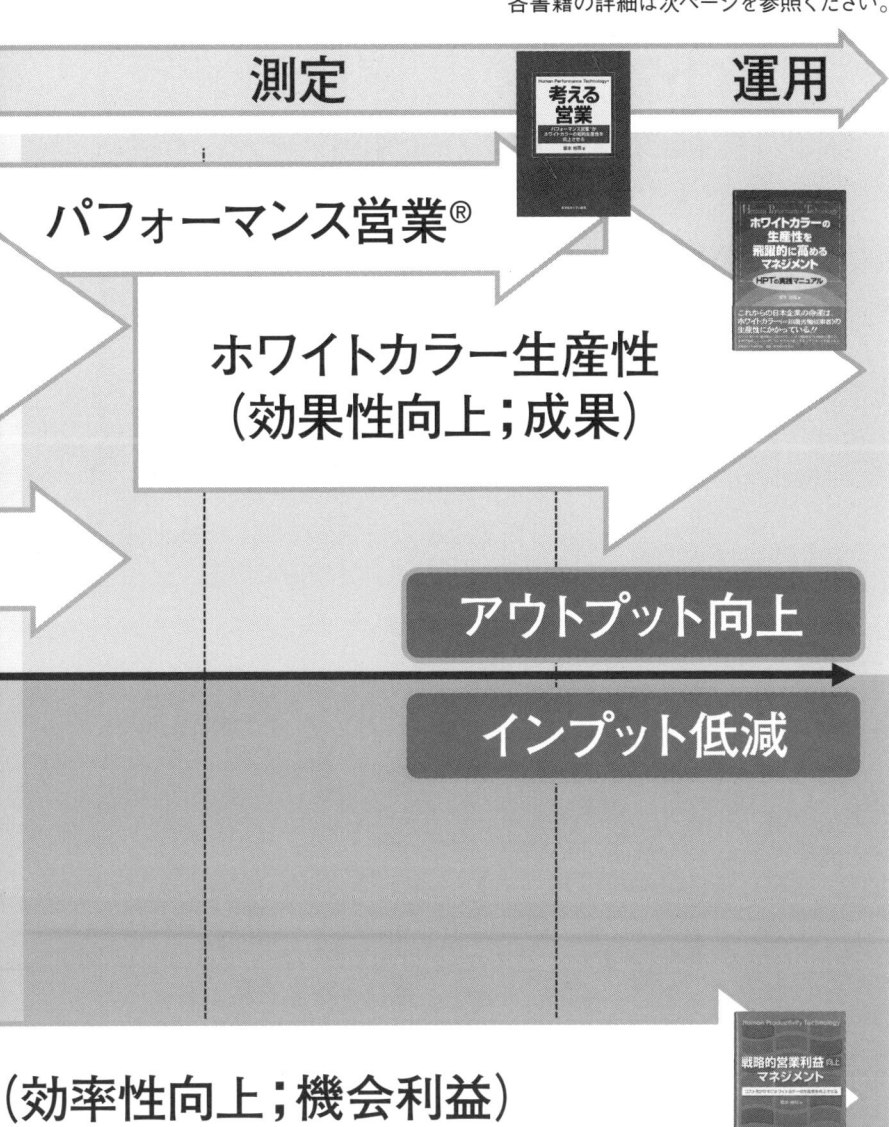

測定 → 運用

パフォーマンス営業®

ホワイトカラー生産性
（効果性向上；成果）

アウトプット向上

インプット低減

（効率性向上；機会利益）

好評発売中の関連書籍

ホワイトカラーの生産性を飛躍的に高めるマネジメント
－HPT®の実践マニュアル－

坂本裕司著 　　　　2,520円（税込）

これからの日本企業の命運は、ホワイトカラー（＝知的労働従事者）の生産性にかかっている！！
ホワイトカラーに競争優位を持たせることが、国際競争力の強化に繋がる。
本書で解説しているHPT®は、それを可能とするマネジメント技術である。

プロジェクト・マネジメント実践
－最高の成果を実現する－

宮川雅明著 　　　　1,680円（税込）

●理論と実践の繰り返しから生まれた珠玉のプログラム

プロジェクト・マネジメント7つの原理®でホワイトカラーの知的生産性向上を実現する。

事業計画立案のための実践プロセス －K-SWOT®－

宮川雅明著　　　2,520円（税込）

4つのステージ（戦略、マーケティング、ビジョン、財務・チェックリスト）で事業計画立案の極意をわかりやすく解説したK-SWOT®の決定版！

戦略的営業利益マネジメント
－コストをかけずにホワイトカラーの生産性を向上させる－

坂本裕司著　　　2,520円（税込）

Human Productivity Technology®が、機会利益を実益に変える！